活动理论视域下

数字化学习资源

动态开发与整合 🔍

杨世鉴——著

民主与建设出版社
·北京·

图书在版编目 (CIP) 数据

活动理论视域下数字化学习资源动态开发与整合 /
杨世鉴著 . -- 北京：民主与建设出版社，2023.5
ISBN 978-7-5139-4187-7

Ⅰ.①活… Ⅱ.①杨… Ⅲ.①计算机辅助教学—研究
Ⅳ.① G434

中国国家版本馆 CIP 数据核字（2023）第 079574 号

活动理论视域下数字化学习资源动态开发与整合
HUODONG LILUN SHIYU XIA SHUZIHUA XUEXI ZIYUAN DONGTAI KAIFA YU ZHENGHE

著　　者	杨世鉴	
责任编辑	刘树民	
出版发行	民主与建设出版社有限责任公司	
电　　话	（010）59417747　59419778	
社　　址	北京市海淀区西三环中路 10 号望海楼 E 座 7 层	
邮　　编	100142	
印　　刷	三河市天润建兴印务有限公司	
版　　次	2023 年 5 月第 1 版	
印　　次	2023 年 7 月第 1 次印刷	
开　　本	710 毫米 ×1000 毫米　　1/16	
印　　张	12.25	
字　　数	205 千字	
书　　号	ISBN 978-7-5139-4187-7	
定　　价	65.00 元	

注：如有印、装质量问题，请与出版社联系。

前言

进入 21 世纪以后，信息技术深刻影响着人类的生产和生活方式，尤其是以数字技术为代表的数字革命，推动人类社会逐渐进入数字时代。对于学习领域而言，数字化技术正在学习领域引发一场深刻的数字化学习革命。数字化学习不仅是关于学习手段的变革，而且是一场包括学习资源数字化、学习过程数字化、学习测评数字化、学习支持服务数字化在内的全方位学习变革。数字化学习的最终目标是不断提升学习者的数字化学习能力及素养、增强学习者数字化学习体验和提高学习者数字化学习成果质量。

目前，数字化学习已经席卷全球，世界主要发达国家都在制定各自国家的数字化发展战略。一直以来，中国不仅是世界教育大国，也是数字化学习强国，党和国家高度重视中国教育数字化改革发展。党的十九大报告提出，要建设网络强国、数字中国、智慧社会，"数字中国"已经上升为国家战略。《"十四五"数字经济发展规划》提出"深入推进智慧教育"，强调推进教育新型基础设施建设，深入推进智慧教育示范区建设，推动"互联网＋教育"持续健康发展。《教育部 2022 年工作要点》提出"实施教育数字化战略行动"，加快推进教育数字转型与智能升级。

在数字化学习中，作为关键要素的学习资源，在学习者学习过程中发挥着重要支撑作用。因此，数字化学习资源的建设在相当程度上决定了数字化学习的推进和成效。目前，各种类型的教育机构、社会团体和行业企业都投入不同类型的数字化学习资源的开发和建设中，并取得了丰富的成果，数字化资源的数量和质量都得到了显著提升。与此同时，随着全社会加大数字化学习资源的建设，数字化学习资源如何高效应用同样值得大家关注。通过调查研究发现，泛化无序的学习资源供给与学习者个性化需求间的矛盾日渐突出，导致学习资源利用率低下，"数字资源超载""数字资源孤岛"等现象频发，严重影响了数字化学习的效果。因此，在学习资源建设过程中，亟须改进现有的数字化学习资源整合方式，采用新的模式优化资源体系结构，充分发挥资源的有效性，提高优质资源的利用效率。

国家开放大学作为以远程开放教育为主要教育类型的成人继续教育高校，以促进终身学习为使命、以现代信息技术为支撑、以"互联网＋"为特征、面向全国开展开放教育，拥有"纵到底横到边"全覆盖的各类学习者群体。在办学的40多年中，始终坚持追踪和应用先进技术，将教育信息化作为立身之本和核心竞争力，从广播、电视到互联网，探索了技术与教育的深度融合，推动和引领了高等教育、继续教育、职业教育的信息化发展，促进了教育现代化。国家开放大学始终走在数字化学习的时代前沿，在数字化学习资源建设中积累了丰富的经验并形成了积极成果。同时，国家开放大学在积极探索学习资源的应用模式。

本书主要基于国家开放大学在数字化时代远程教育改革实践中的探索，从学习资源的内涵和历史演进出发，系统梳理学习资源在不同教育环境下发挥的作用和相关机制。本书主要以远程教育学习者为对象，基于活动理论视域，探讨远程教学学习资源的设计与开发。本书重点总结了近十年来国家开放大学在纸质教材、数字教材、活页教材、微视频资源在实践中的创新型探索，反映了数字化时代远程学习资源的现状，并针对目前存在的问题提出了探索性建议。本书中所举的学习资源建设的案例，均为作者作为主要负责人进行开发和设计的学习资源，并以本书作为作者十年期间学习资源建设工作的阶段性总结。本书具体内容如下：第1章介绍数字化学习资源的概述；第2章是本书的理论基础和相关文献综述；第3、第4、第5章分别以教材、微课程和网络课程三种主要的数字资源为切入点，结合实际案例，介绍了数字化学习资源的开发过程；第6章探讨了数字化学习资源的整合机制和模式。

本书反映出的研究和实践成果，不仅是作者个人的体会和实践，也是不同类型学习资源开发团队集体智慧的结晶，再次一并表示感谢。他们是：纳税实务课程活页教材的策划编辑王国华、财务报表分析和基础会计数字教材媒体设计师王娜、财务报表分析微课程设计师王美静、财务报表分析和基础会计网络课程设计师王桂华等。

由于作者能力所限，书中难免存在理论性和技术性错误，诚恳接受各位读者的批评指正。作者邮箱：yshijian80@126.com。

杨世鉴

2022年9月

1. 数字化学习和数字化学习资源概述 ⋯⋯⋯⋯⋯⋯001

1. 数字化学习和数字化学习资源概述

1.1 数字化学习

1.1.1 数字化学习的内涵和特征

1. 数字化学习的内涵

人类的进化过程离不开"学习"，人类社会的不断发展同样离不开"学习"，学习同生产活动一样，构筑了人类社会存在和发展的基础。人类的学习活动无处不在，是人类生存活动的重要组成部分，不仅有发生在课堂上的正式学习活动，还包括发生在工作和生活环境下的各种非正式的学习活动。

随着人类社会的不断进步，信息工具引发人们社交方式发生改变，同时对人类的学习方式产生了很大的影响。进入 21 世纪以后，人类逐渐从工业革命时期进入数字化时代。数字化学习已成为全球最具影响力的教育理念，它使教育的发展产生了质的飞跃，不仅使教育信息在全球范围内传播，而且最大限度地实现了数字化学习资源的共享，人们称它为第五次教育革命。数字化的学习方式改变了传统的教学方式和师生关系，对满足学生的多元化需求、实现教育方式的转变，以及在人才培养目标和方式的多元化上都提供了更多、更大的可能性。数字化学习是充分利用多媒体和网络等现代信息技术所提供的具有丰富资源和全新沟通机制的学习环境，通过信息技术与课程资源的有效整合，来实现学习者自主建构知识的一种新型学习方式。

数字化学习是学习过程全方位数字化学习方式，包括学习资源数字化、学习过程数字化、学习测评数字化、学习支持服务数字化等内容。数字化学习的目标是提升学习者的数字化学习能力及素养、增强学习者数字化学习体验和提高学习者数字化学习成果质量，最终实现学习者"学习自由"。

2. 数字化学习的特征

数字化时代来临，人类学习方式进入数字化学习模式。数字化学习不仅是学习手段和学习内容的数字化，也是学习理念和学习思维的数字化。相比以前的学习方式，数字化学习具有以下特征：

第一，在纵向维度上，数字化学习是一种终身学习。

自"终身学习"首次出现在联合国教科文组织的报告《学会生存——教育世界的今天和明天》（*Learning to Be –The World of Education Today and Tomorrow*）开始，"终身学习"的理念已经在世界各地成为一种重要的学习理念并逐渐深入人心。经过 40 余年的探索，我国终身学习实践取得了长足的进展，学校教育体系不断强化，打造了中国特色的开放大学办学体系，推动了普通高等教育的校外开放，孕育了社会教育和学习型城市建设，终身学习制度建设和学科建设都取得了一定成效，终身学习已发展为教育理念和实践体系（陈丽等，2022）[①]。党的十八大以来，习近平总书记多次强调终身学习的重要性，提出中国将努力发展全民教育、终身教育（新华网，2013），建设"人人皆学、处处能学、时时可学"的学习型社会（新华网，2015）。2019 年，党的十九届四中全会审议通过了《中共中央关于坚持和完善中国特色社会主义制度、推进国家治理体系和治理能力现代化若干重大问题的决定》（以下简称《决定》），中共中央、国务院印发了《中国教育现代化 2035》（以下简称《教育现代化 2035》）。这两份战略性、纲领性文件都强调将终身学习作为指导教育改革与发展的统领性理念。

自 1972 年联合国教科文组织首次提出终身学习理念以来，终身学习的内涵不断发展变化，已经从保障人的生存，到提升组织的效能，再到促进人类社会的可持续发展。终身学习内涵的演变推动了终身学习价值的丰富和发展。毫无疑问，终身学习已经成为目前为止超越具体教育形式，发展现代教育体系中最重要的目标。同时，在个体、组织和社会三个不同层面上实现终身学习是一项艰巨而复杂的系统工程，需要坚实的终身学习制度的法律基础，完备的终身学习服务协同供给体系，完善的支持灵活、弹性、开放学习的制度和质量保证制度等。

数字化学习拓展了学习时间和空间，促进了教育公平，为学习者提供了更加便捷的学习支持服务。可以说，数字化学习时代的到来，为实现终身学习注入了强大的动力，并为发展终身学习提供了机遇和条件。

[①] 陈丽，谢浩，郑勤华.我国教育现代化视域下终身学习的内涵与价值体系［J］.现代远程教育研究，2022，34（4）：3–11.

第二，在横向维度上，数字化学习是一种泛在学习。

人类在学习过程中，不断寻求改进学习方式，减少学习过程的各种束缚，最终实现不受时间、空间限制的泛在化学习目标。泛在化学习体现出时时、处处、人人学习的理念，即随着教育技术的不断融入，学习者学习更加自由和开放，不断减少受到学习环境的束缚，最终实现多场景下不同学习方式的高度自由地学习。泛在化学习依据终身学习和学习生态体验等学习理念，强调学习者与学习环境的自然融和，追求更自由、开放的学习体验，实现个人与社会和谐发展的最终目标。泛在化学习是数字化学习时期的最高境界，是教育工作者不断追求的目标。实现泛在化学习的目标，前提条件是数字化学习应该具备碎片化学习和移动学习两种特征。

（1）碎片化学习

碎片化学习是泛在学习在时间维度的表现。人类的学习不仅包括在学习课堂中的正式学习环境中的学习，还包括在工作和生活中的非正式学习环境中的学习。非正式学习环境具有学习时间不稳定的特征，常常需要学习者充分利用碎片化时间进行学习。因此，碎片化学习一方面是指利用碎片化时间进行学习，主要目的是提高时间利用效率，解决工学矛盾问题；另一方面，碎片化学习是指将完整的学习内容分割成微小的单元，从而降低学习负荷并提高学习的个性化选择。不论出于何种目的，碎片化学习都意味着要将传统的体系化和结构化知识内容进行消解，从而达到知识体积的细微化。目前，人们对碎片化学习的实际效果存在一定争议，批评者认为其破坏了知识的完整性和系统性，是一种非正式的、浅层次的学习。实际上，碎片化学习的关键不仅在于如何将知识内容碎片化，更在于如何将碎片化的内容进行重新拼装、对接和创新。碎片化学习有助于学习者从框架性的思维定式中跳脱出来，使学习方式更加灵活。

碎片化学习对学习资源提出了很大的挑战。要求学习内容既要体现形式上的松散性，又要具有相互关联性。要求课程设置采取微小化模块，弱化系统性，满足片段学习或者非正式学习的需要。课程内容的设计要短小、直接、主体明确、相对独立；更具视觉冲击力和表现力，易于快速理解，占用时间短，体现碎片化学习的特征。

（2）移动学习

移动学习是数字化学习在空间维度的表现。随着数字化学习的深入开展、移动计算技术和移动通信技术的融合，基于移动技术的各种移动显示终端逐渐被引入数字化学习中，学习机、手机、平板电脑等多媒体终端逐渐被引入教育系统中，并充当了移动学习的重要工具。移动学习指基于无线通信技术支持的、通过利用具有便携性的移动通信设备进行的学习。"移动"一方面指学习者处于"移动"状态，相应地，学习环境也具有"移动性"；另一方面也指学习设备与学习资源的移动性，因此，需要利用具有便携性、使用简单、启动时间少的学习设备。移动学习大大拓宽了学习者的学习范围，为实现泛在化学习奠定了基础。移动学习又和碎片化学习紧密相连，因此移动学习要求学习资源有一定的专属性。

泛在化学习对学习资源提出了更高的要求：第一，不同学习资源要能够实现完全的互联互通，学习者才可以不受限制地实现在不同资源之间的自由选择；第二，学习资源要具有高度智能化，能够根据学习者的物理位置和学习反应自动推送适合的学习资源；第三，学习资源要具有高度的情境性，能够根据学习者所处的不同学习场景，有效地融入学习者周围的环境，最终形成学习生态系统；第四，学习资源要具有高度的互动性，能够自动跟踪和收集学习者的各种信息，与学习者开展有针对性的互动活动。

第三，在学习方式上，数字化学习是一种交互式体验学习。

学习本质就是学习者与学习环境中各个学习要素之间的交流互动过程。从早期人类社会开始，人类通过在劳动实践中不断摸索并与同伴相互交流，逐步总结出生存的技能方法。随着社会的进步和文化传播方式的改进，人类学习的方式不仅仅局限于实践活动中的学习，更倾向于通过书籍等学习资源的间接资料的学习。但是即便间接性学习，仍然不能缺乏与同伴和教师之间的交流互动的过程。自人类进入工业时代以来，以规模化和标准化为特征的现代学校教育，更加强调知识在不同学习主体之间的复制，忽视了学习者个体的体会，学习更多呈现"静态化"特征。数字时代到来，数字化学习使学习方式回归到其真正应有的方式，即通过学习者与各个学习要素之间的互动交流来完成学习过程。

交互性学习是指学习者在学习过程中不再满足于被动地接受知识，更愿意通过与同伴、教师甚至是学习资源之间的互动，来主动表达自身的学习情感、体验和感知。交互性学习日益成为数字化时代远程在线学习的一种重要的学习方式，主要原因是：第一，社交媒体日益发达，促进了人们更愿意去表达和沟通，从而对自身的学习行为也产生了影响；第二，学习工具更加便捷，为学习者的交互性学习提供了便利条件。体验学习是指学习者除了要关注学习过程所学过的知识，还要注重学习过程中自身的学习体验和感受。尤其是在终身学习的理念下，学习过程既是获取生存技能的过程，也是学习者身心得到全面发展的过程。

对于远程开放教育而言，交互式体验学习同样对学习资源提出了更高的要求，要求学习资源更具有交互性，满足学习者交互性学习的需求。学习资源作为学习内容、学习活动等的主要承载体，是教学交互中学习者主要的交互对象，也是远程学习中教学交互深入开展的重要前提和核心。学习资源的交互性反映了学习资源支持教学交互的能力，直接影响着学习者与学习资源交互的效果，是评价学习资源质量的关键指标（王志军，2017）[①]。

总之，数字化学习强调学习的情境性、学习过程的动态性和交互性以及学习者的主体性。数字化学习时代的到来，使人们有机会重新认识并定义学习，在学习过程中寻求新的体验和收获。

1.1.2 数字化学习引发的挑战

1. 学习者面临的挑战

进入数字化学习时代，学习者面临着学习方式转变所带来的各种挑战。首先，是学习环境的改变。互联网、移动工具等各种新的技术工具使学习场景多元化，学习活动突破了固定物理空间的束缚，学习者也在很大程度上摆脱了教师的直接干预，能够进行更加自主的学习。这些改变一方面增加了学习者学习的自由度，另一方面也增加了学习环境的多样性和不确定性。因此，数字化学习要求学习者能够更加适应新的学习环境引发的学习心理方面的变化，以更加从容的姿态去迎接新的学习方式。其次，是学习方法的转变。数字化学习更加强调自主学习和泛在化学习，不同于学习者在义务教育阶段所接触的学习方式。数字化学习是一种以学习者为中心的学习方式，要求学习者要从传统教育方式下的被动学习向主动学习转变，并且要能够掌握数字化学习的各种方法。

2. 教师面临的挑战

数字化学习下如何开展教学，教师面临的挑战会更大。因为相对于学习者，教师普遍已经熟悉传统教育的教学方式和教学理念，因此要做出更大的转变并付出更大的努力。教师面临的挑战主要包括：一是如何适应角色的转变并处理好与学习者之间的关系，教师要由教学过程的主导者向学习过程的引导者

---

① 王志军，陈丽，陈敏，等. 远程学习中学习资源的交互性分析［J］. 中国远程教育，2017（2）：45-52.

和陪伴着转变；二是如何给学习者设计和开发优质的数字化学习资源，为学习者提供有效的支持服务。传统教学模式下，教学行为主要发生在课堂上，教师通过"言传身教"进行更为直接的教学。数字化学习环境下，教师开始提供更多的间接教学，要花费更多的精力进行学习资源的设计与开发，要让数字化学习资源成为代替自己的"隐形"教师。

在数字化教学环境下，线上线下的混合式教学，将逐渐成为教师开展教学的新常态。教师所关心的诸如如何在数字化助力下创新教学流程，实现新的教学方法，如何评价和呈现学生的学习绩效，如何实现数字化课程并进行数字化管理，如何协同家校为学生营造良好的学习场景等，将成为教育管理者的工作重点。

3. 教育管理者面临的挑战

数字化学习和教学，是一场全社会范围内的学习革命。面对一场学习革命，教育管理需要顺应时代的发展，全方面对传统的教育管理理念和流程进行变革。

首先，教育管理者需要考虑如何对教师进行培养，以适应数字化学习的需要。面对成长于数字化时代的年轻学习者，教师往往需要做出更大的改变。不仅需要教师自身努力寻求改变，还需要教育管理者为教师提供良好的发展路径，帮助教师迅速掌握数字化教学的技能。

其次，教育管理者需要考虑如何组织力量对数字化学习资源进行开发并进行优化和整合，确保数字化学习资源能够在学习者的数字化学习者中真正发挥作用。数字化学习资源作为数字化学习时代的关键性学习资源，目前无论是资源的质量还是数量都有了快速的发展。但是，也存在无序发展和过度发展的问题，都需要教育管理者进行统一的规划和调整。

最后，教育管理者需要考虑如何构建数字化学习生态环境。随着数字化学习的深入，不仅需要为学习者提供优质的数字化学习资源，还需要培育数字化学习的生态环境，让学习者能够实现与学习系统各个要素的实现深度融合。

1.2 学习资源的历史演进及其动因

1.2.1 学习资源的内涵

资源是人类赖以生存的物质基础，同样在学习过程中，学习资源是支持学习发生的基础，是知识习得的直接载体（王琦等，2022）。由于认识角度不同，对学习资源的理解也存在差异，为了更清晰地认识学习资源，我们首先要理解与学习资源相关的概念。目前与学习资源相关的概念包括教育资源、课程资源、教学资源和学习资源。

教育资源是指教育过程所占用、使用和消耗的人力、物力及财力资源，即教育人力资源、物力资源和财力资源的总和（顾明远，1998）[①]。《教育大辞典》对教育资源含义的解释是"①通常指为保证教育活动正常进行而使用的人力、财力、物力的总和。任何教育活动都需要以一定的资源条件为前提。教育资源投入的多少及其利用效率高低是评价教育效能的标准之一。②教育的历史经验或有关教育信息资料"。课程资源是广泛存在于学生的学习和生活中，为设计课程和制定教学计划服务的各种可以利用的途径与方法。教学资源是指在教学过程中能对教师的教和学生的学进行支持的所有资源，包含了人类资源和非人类资源，人类资源包括教师、学生学习小组、课外活动小组、旅行小组、课外辅导员、家长、社会成员等；非人类资源包括各种媒体和各种教学辅助设施。学习资源则是为达到学习目标，学生在学习过程中可以利用的一切要素，包括各种人力、物力和相关信息。通过对以上四个概念的比较分析，可以发现，课程资源、教学资源和学习资源的内涵基本上是重合的，都属于教育资源的范畴，只不过侧重点不一样，教学资源关注教学过程，课程资源关注课程实施，而学习资源则是从学习者的视角，关注资源对学习者学习活动的支持。三者虽然都称为资源，但其指向的情境有所不同，本书主要从学习者的视角去研究和分析，因此，将"学习资源"作为本书分析和讨论的对象。

学习资源与学习活动紧密相连，学习者在学习活动的各个阶段都离不开学习资源的帮助，可以说学习过程即为学习者使用学习资源进行知识获取的过程。因此，广义的学习资源是指在学习过程中可被学习者利用的一切要素，比如教师、身边的长者、各类书籍、社会活动、社会公共设施等，主要包括支持

---

① 顾明远.教育大辞典［M］.上海：上海教育出版社，1998.

学习的人、财、物、信息等；狭义的学习资源可以仅界定在教学材料与学习设备等方面（严冰、单从凯，2015）[①]。按照现代教育学的观点，祝智庭认为，学习资源是指可资学习之源，包括支撑教学过程的各类软件资料和硬件系统。在美国教育传播与技术协会（AECT）1994年的定义中，学习资源是指"帮助个人有效学习和操作的任何东西"，是"能够影响和改变人们认知结构发生变化的一切内外部条件"。具体包括支持系统、学习材料与学习环境，如图1.1所示。随着现代教育思想的发展和教育技术的不断应用，学习资源的内涵和外延都在发生变化。

图1.1 美国教育传播与技术协会1994年的学习资源观

1.2.2 学习资源的历史演进

从人类历史文明的发展来看，学习资源是知识传播的重要载体。随着人类社会的不断发展，学习资源也经历了不同阶段。

1. 口授学习资源时代

口授学习时期发生在人类文明的早期，一般是指在文字出现以前或者文字不发达时期人们进行交流和学习的时代。最早出现的口授学习资源是利用口传媒介技术发展的一种学习资源形式，即以人的喉咙发出来的、不同频率的音节作为表达"符号"，以人脑的记忆作为记录载体，依靠吟诵诗人的唱作表演来传播内容（郭文革等，2022）[②]。口授学习资源常以诗歌等形式出现，特点是有一定韵律但传播的稳定性和范围都受到限制。

口授学习资源通常被认为是一种非正式的学习资源，但是在人类文明发展

---

① 严冰，单从凯.数字化学习资源［M］.北京：国家开放大学出版社，2015：1-2.
② 郭文革，黄荣怀，王宏宇，等.教育数字化战略行动枢纽工程：基于知识图谱的新型教材建设［J］.中国远程教育2022（4），1-9.

的很长时间内它却发挥着极为重要的作用，对于人类文明的传承贡献极大，这一点却常常被后人所忽视。尤其在一些文字记载不发达的少数民族地区，口授相传至今还发挥着很大的作用。口授学习是一种最古老、最朴素、最直接的学习方式，我们当今很多学习资源的设计与开发，都还能从口授时代学习资源中汲取到灵感与智慧。

2. 文本学习资源时代

口授学习的不稳定性注定影响其不能成为人类文明中的主要学习方式而长久地延续下去。文本时代的开立，是以文字出现为标志的，突出了学习内容的稳定性和持续性，弥补了口授学习的不足。文本学习资源是将文字通过凿、刻、画、写等技术将其记录在石头、木器、金属、棉、帛、纸张等物理介质上，从而形成玉石书、竹木书、缣帛书、纸质书等不同形式的学习资源。

当造纸术和印刷技术发展后，文本学习开始进入纸本时代，纸质学习资源成为学习资源的主要形式，对于知识传递的持久性、准确性和广泛性都有了进一步的提升，尤其对于现代学校教育的标准化教学具有重大贡献，人类从此也进入了史无前例的"知识爆炸"时代（郭文革等，2022）[①]。进入纸本时代以后，"教材"正式出现在学习者面前，随后不管形式如何改变，至今仍然是学习资源中的重要组成。

在纸本时代，知识能够固化在纸张之上，使之能够长久地被保留和传播，同时对人类文明的传承发挥了极大的作用。与此同时，纸本时代，知识寄居于纸张之上，知识的特性直接被纸张的物理特性所限制、形塑。受纸张限制，包含情境与体验的知识只能被扁平化、去情境化，以静态的物质性文字符号或图片的形态存于教材之中，成为"去情景化、抽象的概念与实体"（张良，2019）[②]。换言之，固化在纸本上的知识成为经过精细加工的、外在于教材使用者的抽象符号，是对独立于人的外部客观世界的再现与摹写，与其生产确证、理解应用相关的许多情境信息与个体体验都在抽象化的过程中被过滤。由此，教材知识学习成为"脖子以上部分的任务"（罗杰斯等，2006）[③]，是教材使用者

---

① 郭文革，黄荣怀，王宏宇，等.教育数字化战略行动枢纽工程：基于知识图谱的新型教材建设[J].中国远程教育，2022（4）：1-9.

② 张良.从表征主义到生成主义——论课程知识观的重建[J].中国教育科学，2019，2（1）：110-120.

③ 罗杰斯，福雷伯格.自由学习[M].伍新春，管琳，贾容芳，译.北京：北京师范大学出版社，2006：42.

以旁观者的身份对搁置于眼前的教材知识所进行的以大脑认知为主的理性思维活动。此时，人们不断思考如何减轻学习者受到纸本学习资源的束缚，增强学习过程的交互性，最终使静态学习回归到动态学习。

3. 数字化学习资源时代

当人类社会从工业社会进入数字经济社会，数字技术正全面改变人们的生活、工作以及学习方式。当知识的记载脱离了物理介质阶段，进入人造的磁电介质载体阶段，如磁带、磁盘、光盘、芯片等（吴全全等，2022）[①]，标志着数字学习资源时代的来临。数字学习资源时代，知识在信息加工、传输上摆脱传统的书写工具，以开放的姿态在网络世界相互联结，成为学习者主动获取和接纳的对象。

随着信息技术的不断发展，数字化学习资源的发展也经历了不同的发展时期，目前正在从早期的学习资源数字化加工处理，开始向真正意义上的数字化学习资源转变。数字化学习资源的发展过程，既是教育技术不断应用于教学的过程，也是学习理论与数字化学习相互融合的发展历程。数字化学习资源经历了从最初的静态辅助学习资源，到网络环境数字化学习资源，再到移动化和泛在化学习资源阶段。同时，数字化学习资源的设计、开发、管理、应用、评价等内容都在数字化学习的实践过程中不断发展。

（1）静态数字化学习资源阶段（20世纪60年代初至90年代初期）

在数字化学习资源发展的初期，数字化学习资源是以单纯的电子化内容代替传统的书本、板书，因此，这一阶段的教学通常被称为计算机辅助教学，学习资源呈现单机版、静态化和辅助性的特征。

首先，数字资源常常以光盘形式存储在独立的物理空间中，如电子读物、音像视频教材、单机版的模拟操作系统。单机版的学习资源不能与其他学习资源相互关联，不能实现基于网络的传输，这都使学习者学习空间受到极大限制。

其次，学习资源呈现静态化特征。这一时期，学习资源以电子化产品为载体，书本的内容以视频、课件等形式呈现，学习资源与学习者之间没有互动交流的过程，学习过程仅仅是从学习资源向学习者单向输出信息的过程。

最后，学习资源只能发挥辅助性作用。这一时期的数字化学习资源主要还

---

① 吴全全，王茜雯，闫智勇，等.新时期职业教育活页教材的理念澄明与结构遴选［J］.职业技术教育 2022，43（4）：31-38.

是单纯地以教材为核心，充当教材的辅助工具。教学过程仍然以教师为中心，学习资源的作用主要是辅助教师的教学过程，并不能独立发挥作用。

（2）网络环境数字化学习资源（20世纪90年代初期至21世纪第1个10年）

随着互联网的逐渐普及，数字化学习资源开始摆脱单纯静态、辅助的资料型形态，进入网络环境下的数字化学习资源时代。这一时期，学习资源开发的质量、数量以及速度都有了很大的提升，同时国家、社会和教育机构也纷纷投入数字化学习资源的开发中。例如，国家精品课程建设项目、中国教育资源网、国家基础教育资源网等，以及学堂在线、中国大学慕课（MOOC）等一大批互联网教育平台，都将数字化资源的开发和应用推向了一个新的高度。相比静态数字化学习资源，网络环境下的数字化学习资源最大的特征是开放和共享，尤其是能够满足远距离时空分离状况下的学习要求。如果说计算机的出现是信息数字时代的开始、多媒体技术全面打开了数字化的应用，那么网络时代的到来则推动了信息资源数字化的快速发展。

（3）泛在环境数字化学习资源（21世纪第2个10年至今）

移动互联网时代的到来促进了数字化学习资源的进一步发展，该阶段以智能手机、平板电脑的迅速普及为技术背景。为了适应这种迅速增长的学习终端的变化，数字化学习资源的发展进入一个新的阶段，即移动互联阶段。该阶段的显著特征是——移动的、无所不在的，即泛在环境下的数字化学习资源。

泛在环境数字化学习资源为学习者提供更多应用场景的学习环境，基于更多学习工具的学习途径。数字化学习资源的范畴也不仅仅局限于采用数字化方式制作、保存、展现、传播和使用的学习资源，任何形态的媒体资源都可以进入数字化的学习体系中，各种形式的学习资源充分实现互联互通，满足学习者个性化学习的需要。在泛在学习下，数字化学习资源正在逐步从单一的资源属性向系统属性和环境属性发展，未来的数字化学习，学习者和学习资源之间会更加融合，并与其他学习要素共同构成学习生态系统。

1.2.3 学习资源历史演进的动因

为什么学习资源呈现不同的形态，学习资源演变的过程中究竟受到哪些因素的影响，这些都值得人们深思。归纳起来，媒介技术和学习模式的变化是其中关键的两个因素。

1. 学习资源演进的直接动因——媒介技术的推动

通过学习资源的演进历程发现，媒介技术成为学习资源形式改变的直接动力。所谓媒介技术，也称传播技术，指的是人类为驾驭信息传播、不断提高信息的生产与传播效率所采用的工具、手段、知识和操作技艺的总称。在人类历史的不断发展中，媒介技术的每一次进步，都使信息符号和感官的结合更加直接和全面，同时促使社会信息传播的速度更快、范围更广。例如，广播、电视媒介的出现，打破了文字符号间接、抽象、理性的表征方式，拉近了符号能指和所指之间的外显性，尤其是电视的影像符号把思维支配的内容重新还给感官，使视听感官同时结合并同步显现，大大增强了媒介信息和现实的融入性和一体化感受。视听符号的优势还在于眼见为实的真实感，尽管视听符号之于真实的关系是脆弱的，甚至有时是虚假的，但影像总是能够巧妙地以自然的直接性和呈现性获得更多的信任感和参与感。网络媒介的出现彻底打破了传统媒介相对单一的符号主体表征，超文本的信息结构方式第一次完整延伸人的各种器官感知能力，它可以将文字、声音、图片、图表、动态图像等媒体符号综合在一个传播单元中，构成多媒体信息，使传播更具综合性、直观性、形象性，最大限度地还原信息的本来面目，其自主互动的信息传播特点又增加了这种符号消费的安全感和可信度，它的拟像性更容易逃避人的意识的审查，更易于建立一种催眠状态的传播关系，因而影像在很大程度上成功地接管了人们对现实生活的感觉。虚拟现实技术的出现，让计算机和网络技术创造的一个仿真空间，并将物理世界中几乎所有类型的空间——几何空间、物理空间、文本空间、社会空间和想象空间统统网罗其中，使其成为一个可以实现潜在意念、欲望和幻想的空间。人们不仅可以通过视觉和听觉，还可以通过嗅觉和触觉多维地感受到虚拟世界中所发生的一切，使用者与虚拟环境中的各种对象的相互作用，就如同在现实世界中的一样，这种感觉是如此逼真，以至于人们能全方位地沉浸其中。

总体而言，我国媒介技术的发展经历了技术媒体观—技术的认知工具观—技术生态观的发展历程[①]。在媒介技术的推动下，学习资源的形式不断改进，学习内容变得更加丰富和多样，对学习者大脑带来更强的冲击感，促使学习者更加有效地接受并完成学习内容。与此同时，我们应该意识到，媒体技术是学习

---

① 余胜泉，丁杰. 加快深层次推进促进可持续发展：教育信息生态观视角下的基础教育信息化[J]. 中小学信息技术教育，2011（1）：19–21.

资源演进的推动因素而非决定因素，尤其是随着媒体技术的不断发展，一定要处理好与学习资源的相互关系，要以学习者获取良好的学习体验为落脚点。现实中，部分数字化学习资源已经出现过度引入媒介技术，从而加大了学习者的学习负担的情况，这也要引起学习资源开发者的重视。媒体技术与学习资源的关系，类似于装修技术与房屋，一定要与房间的居住风格相适应，否则会给使用者带来疲劳感。

2. 学习资源演进的根本动因——学习模式改革的需要

学习资源演进中不仅受到媒介技术的推动，还和学习模式之间存在密切关系。一方面学习资源形式的演进推动了学习模式变革（王润，2021）[①]；另一方面学习模式改革又会促进学习资源形式不断变化。

口授学习资源主要适用于口授学习模式下。例如，孔子和苏格拉底都采用口头对话开展教学。为了避免遗忘，口语时代的人采用富有韵律的套语、箴言等作为表征和修辞的手段，韵律其实是一种辅助记忆的手段。吟诵诗歌就是口传时代的"教材"，古希腊人就是通过观赏吟诵诗人的表演来学习自然、社会习俗等"知识"的。口传史诗在传承过程中可能遭遇无意识的遗忘和有意识的篡改，是一种不可靠的"知识生产"模式。因此，口传时代流传下来的人类文明遗产就是《荷马史诗》《圣经》等充满怪诞的神话传说的吟诵史诗——一串高低起伏、抑扬顿挫的"声音流"（郭文革，2022）[②]。

在整个农业经济时代，真正意义的学校并没有出现，人类主要的教学场所为书院、私塾等小众群体的教学形式，师生关系建立在拜师学艺基础上的一种师徒制。由于师生关系的紧密性、教育规模的小众化等特征，在这种师徒制教学过程中因材施教、言传身教都能得以具体的体现。在这样的教学模式下，教师的讲授成为主要学习资源，同时教材基本以手抄教材或者印刷纸质教材为主。

与工业经济相伴的教育模式是学校制度、班级教学，这种教学模式是和工业经济时代标准化社会大生产对人才的需求密不可分的。伴随着社会分工的精细化和流程化，工匠型人才更为社会所需要，因此学校制度下对于人才标准

---

① 王润. 数字教材何以推动教学变革：逻辑与路径 [J]. 湖南师范大学教育科学学报，2021，20（5），44–51.

② 郭文革，黄荣怀，王宏宇，等. 教育数字化战略行动枢纽工程：基于知识图谱的新型教材建设 [J]. 中国远程教育，2022（4）：1–9.

化培养模式，一定程度上实现了规模经济，但是以牺牲学习者个性化为代价的（马陆亭，2022）[①]。在这种教学模式下，标准化的纸质印刷教材得以广泛应用。纸质印刷教材的出现，使知识呈现在教材与学习者之间进行迭代复制的特点。学习者使用教材的过程，即完成了一次知识内容的复制迭代。

总体来说，在农业社会和工业社会中，主要是在相对封闭和固定的教学环境下实施教师与学生的面对面教学，教师与学生能够进行直接的交流，教师在整个教学过程中发挥主导作用，教材主要作为一种辅助教学工具，对于教材形式的要求并不是很高。

人类发展进入数字时代以后，社会形态发生重大变化，教育模式也发生根本性变革。网络教育作为数字经济时代的一种新型教育形式，主要解决在时空分离环境下的教学问题，更加突出规模化教学下的个性化学习。学习者对学习资源的依赖性和要求更高，学习资源的形式开始向数字化、立体化和智能化发展。

3. 媒介技术和学习模式之间的相互关系

媒介技术和学习模式在推动学习资源变革中不仅发挥了重要作用，而且二者之间相互依托和相互促进。一方面，学习模式的改革与创新，很多时候需要外界的影响和推动。教育工作者常常愿意在熟悉的环境中进行教学，因而带来的结果是教学方式的缓慢变化。此时媒介技术的创新，能够给教学提供良好的教学体验和教学环境，媒介技术不断打破原有的教学平衡关系，为新的教学模式的出现提供动力。另一方面，媒介技术主要是解决人与人之间相互交流的产物，具有应用领域广泛化、方向多样性的特点。教学模式的改革，为媒介技术提供了不同的应用场景，使媒介技术能够产生出更大、更强的改革动力。总之，教学模式提供了变革的土壤，而媒介技术提供了变革的养料，在两种力量的推动下必将结出学习资源的累累硕果。

1.3 数字化学习资源类型和特征

数字化学习资源是数字化学习的基本要素之一，是开展数字化学习的关键，是自主学习与科研创新的基础，也是推动教育信息化建设不断前进的支撑

---

① 马陆亭. 人工智能将重塑教学模式 [J]. 北京教育（高教），2022（5）：32.

力量（宋佳、王翠萍，2018）①。数字化学习的开展必须以丰富的数字化学习资源为依托，资源整合的程度及其应用水平将会直接影响数字化学习的效果。由此可见，数字化学习资源是实现数字化学习的基础和关键。数字化学习资源的建设和共享已经引起了广泛关注，很多国家的数字化学习资源建设已经粗具规模。

数字化学习资源是随着信息技术的发展而产生的新概念，是在信息技术发展前提下学习资源的延伸、提升和创新。数字化学习资源有广义和狭义之分，广义的数字化学习资源是指一切用于数字化学习的资源，事实上，用于数字化学习的资源本身就应该是数字化的资源；狭义的数字化资源仅仅是指采用数字化方式制作、保存、展现、传播和使用的学习资源，如经过数字化处理的学习资源，包括文字、图像、声音、动画、课件和视频等。

本书中涉及的数字化学习资源采用广义定义范畴，既包括采用数字化方式制作的资源，如数字教材、网络课程和微视频等；也包括传统的非数字化方式制作（主要是纸质形式），但是经过重新设计和改造，能够融入数字化资源体系中，供学习者进行数字化学习使用的学习资源，如传统的纸质教材经过活页化设计与开发，能够与数字化媒体资源相互嵌入，从而实现数字化的部分功能。

1.3.1 数字化学习资源的特征

1. 数字化学习资源的一般特征

学习资源的特征与学习方式密不可分，高质量的学习资源要能够与学习者学习方式保持一致。与传统学习资源相比，数字化学习资源主要具有以下显著特征。

（1）数字化

在数字经济时代，数据成为一种关键的生产要素。同样，数字化学习时代，学习资源的数字化使其能够突破物理空间的限制，高效、快速、自由地在网络空间中传递，学习者获取知识的效率大大提高。数字化带来的另一个结果是学习资源呈现虚拟化，尤其是在虚拟的网络空间中进行文字、图片、音频或视频的交流，从而穿梭在自然、社会和虚拟空间构成的三维世界中。随着虚拟

---

① 宋佳，王翠萍. "呈现" – "发现"：数字化学习资源整合模式创新研究 [J]. 图书馆学研究，2018（5）：77–82.

现实、增强现实、物联网、普适计算等技术的快速发展，人类的学习环境正在走向虚拟与现实的融合。学习资源的数字化成为数字化学习资源的最重要特征，是数字化学习资源发挥作用的基础。

（2）移动化

随着移动互联网和移动智能终端的普及，移动学习成为数字时代学习者的主要学习方式。移动学习需要能够适应移动终端和移动环境的学习资源，通常这种资源很难完全从面向 PC 端设计的资源中直接使用，为了保证使用效果，需要单独开发专门的移动化的数字资源。移动学习资源的形态更加多样化，能够更加有效地支持无处不在的学习。

（3）碎片化

数字化时代整个社会经历从集约化向去中心化的碎片化过程，阅读碎片化、思维碎片化、消费碎片化、创作碎片化、沟通碎片化及学习也呈现碎片化特征等。碎片化学习相对于系统学习而言是一种利用零碎时间进行的短平快的学习方式。可以说，在快节奏的生活时代，碎片化学习和系统学习很难有一个具体的界限。但其带来的结果是需要我们的学习资源不断微型化和碎片化，以支持碎片化学习的需要。例如，目前比较受到推崇的微课学习资源，由于其具有"短小精悍"的特征，非常适合碎片化学习的要求。

（4）动态性与生成性

数字化学习资源可以是一种动态变化和即时生成的资源，也可扩展、共建，随时生成。在学习者的积极参与下，利用信息技术对知识进行横向拓展以及纵向加工，进行整合与再创造。

（5）工具性与自主性

数字化学习资源具有工具性的特征，它可以作为认知工具，帮助学习者探究知识、构建知识，既能激发学习者的学习兴趣，还可以使学习者主动参与，充分发挥学习者的自主性，使自主学习成为可能。

（6）易生成性与海量性

数字化学习资源易于重组、复制、存储、获取，且成本低廉，因此具有易生成性与海量性。这是它的优势，但同时产生了容易迷航、良莠不齐、难筛选的问题。

2. 远程教育下数字化学习特征

数字化学习资源对远程教育的发展具有重大意义，它是远程教学的重要支撑，也是决定远程教学质量的重要因素，为远程教育的新发展提供了条件和可能，是新时代技术背景下远程教育发展的前提和基础。建设数字化学习资源有利于远程教育利用计算机网络等开展教学，实现多种教学模式、方式的整合，打破师生分离的局限，便于学生合理安排学习进度，完成学习；便于教师组织网络教学材料，对学生进行辅导；便于教学管理人员对教学效果进行测评、跟踪。国家开放大学作为具有继续教育和职业教育双重属性的现代远程开放大学，数字化学习资源具有新的特征。

（1）交互性

数字时代的学习资源不仅具有资源属性，更反映为一种学习活动，通过有效的学习活动，提高学习者的参与度，以实现学习者与学习资源之间的充分交互。交互性是指数字化学习资源所具有的双向传递及反馈功能能让学习者与学习者、学习者与学习内容、学习者与教师之间的互动更为便捷有效。

（2）共享性

共享性是指数字化学习资源能在网络环境下实现远程共享。

（3）扩展性和再生性

扩展性是指对数字化学习资源进行横向或纵向的精加工，以满足不同学习者的学习需要和同一学习者在不同时期的学习需要；再生性是指不同学习者在参与过程中可以使用信息技术对数字化学习资源进行二次创作和整合。

（4）交互性与协作性

数字化学习资源的双向传递及反馈功能使学习者与学习者、学习者与学习内容、学习者与教师之间的互动更为便捷和有效。学习者可以基于网络的通信特性，开展协作学习，分享合作伙伴的知识、经验和智慧，共同完成学习任务。

1.3.2 数字化学习资源的类型

目前，数字化学习资源并没有一个统一且严格的分类方式，许多研究者从不同角度和维度对数字化学习资源进行分类。例如，按照学习资源的呈现方式分类，可以分为教材、网络课程、微课程等；按照学习资源的应用环境分类，可以分为面授课堂中的学习资源、户外环境下的学习资源、网络环境下的学习资源等；按照学习资源应用的教育类型分类，可分为基础教育数字资源、职业教育数字资源和继续教育数字资源等；按照学习资源的生成方式分类，可以分为预设性学习资源和生成性学习资源。基于本书所研究的主题内容，以下重点从学习资源的生成方式进行分析。

1. 预设性学习资源

预设性学习资源是目前最主要的学习资源类型，其来自预设性学习。由于学习过程是一个极为复杂的过程，学习者很难独立完成整个学习过程，通常需要一定程度上借助外界力量来完成学习过程。尤其是发生在学校教育的正式学习过程，基本需要由教师来事先设计学习方案，学习者在教师的指导下，有目的、有计划、有方案地完成各个阶段的学习任务，从而有利于保证学习的最终效果。尤其是在大规模学校教育的时代，预设性学习（教学）有利于教学组织者对学习过程的控制，降低学习风险，提升学习过程的可持续性。

预设性学习资源是为了适应预设性学习而开发的学习资源，通常需要结合未来发生的学习过程的需要，在有计划的学习活动前期，教学者根据教学大纲、教学目标、教学主题和教学计划，为支持学习者提前设计、开发的资源。如网络课程中相关专题视频、PPT、题库，学习社区、学习群组中预设的讨论主题等。精心预设的数字化学习资源，能大大减少学习者进行大海捞针的信息搜索时间，提高学习效率；能引导学习者一步步朝着正确的方向进行深入的学习，不走弯路；能促发学习者创生的灵感。因此，预设数字化学习资源是生成性数字化学习资源的核心素材。

预设性学习资源虽然能够进行事前的设计以及对开发环境进行控制，一定程度上保证资源建设的质量，但是资源建设模式相对比较固化，忽视了教学主体在活动中动态生成的资源，导致资源缺乏灵活性、多样性与可持续性。

2. 生成性的学习资源

随着非正式学习在整个学习系统中所占比重提升，对于学习资源的时效性要求越来越高，学习资源要能反映相关领域的最新变化和相关群体的最新需求。因此，传统的预设性学习资源不能完全满足学习者知识更新速度的要求。这意味着学习者学习过程中需要更多生成性学习资源，学习资源的建设需要从单点生产转向群体参与下的协同创作，从而从预设走向生成。

生成性资源符合生成性教学的核心理念，近年来受到广大教育研究者与实践者的关注。生成性资源是相对于预设性资源而言的。生成性资源则是在使用过程中由多用户参与生成的资源，具有过程性、参与性与进化性的特征。"互联网＋教育"的发展既需要大量极致化的预设性资源，也需要更多真实贴近用户需求、解决用户实际问题的生成性资源。

"生成"是与"预设"相对的一组概念，但"生成"与"预设"不是对立的，而是相辅相成的。预设性学习资源和生成性学习资源均是学习资源中的重要组成，二者在不同的学习环境和学习方式下发挥不同的作用。随着数字化学习更加开放，预设性学习资源和生成性学习资源有进一步融合的趋势，未来二者的界限会更加模糊，一种学习资源中会呈现生成性和预设性的双面特征。

1.4 数字化学习资源开发的基本原则

1.4.1 注重动态数字化学习资源的开发

数字化学习时代，学习资源的重要特征就是从传统的静态学习资源向动态学习资源转变。所谓动态数字化学习资源的开发包括两层含义：一是学习资源的内容是动态的，即学习资源内容反映学习者学习过程，具有较强的生动性和鲜活性；二是学习资源的开发过程是动态的，能够按照分级开发、共同参与的原则进行动态化开发。

1. 学习资源内容动态化

学习资源按照资源的形成过程可以分为预设性学习资源和生成性学习资源，二者具有不同的特点，在学习者学习过程中都发挥了重要作用。从数字化学习资源的发展趋势来看，预设性学习资源和生成性学习资源的界限越来越模糊，逐渐成为一种相互交融的状态。总体来说，目前社会对于预设性学习资源的影响力要远远大于生成性学习资源，而未来随着数字化学习的进一步推进，更加强调学习资源的动态性、情境性及交互性，生成性学习资源会发挥更大的作用。尤其是随着社会知识更新的加快，预设性学习资源存在制作成本高、知识更新慢的弊端。通常情况下，预设性学习资源制作出来发布后，就成为静态资源，不利于后续进行修订升级，资源就缺乏可再生性。生成性学习资源开发机制更加灵活，能够动态调整学习内容，使学习资源与学习者的学习活动紧密相连，始终充满生机和活力。

从数字化学习资源的发展进程来看，已经从学习内容的数字化向学习过程的数据化转变。生成性学习资源便是学习过程的重要数据，是数字化学习过程中的重要财富。生成性学习资源未来将逐步在学习者学习过程中发挥更大的作用，但是由于目前缺乏一套开发和管理的机制，导致大量的生成性学习资源没有被发掘和利用。

2. 学习资源动态化开发

目前各种类型的学习资源，基本上是一次性开发完成，然后应用到不同的学习场景。例如，教材一般由出版社进行编辑和出版发行，各个学校和不同学习者只能选择使用不同的版本，但是不能根据自身情况选择个性化的学习内容。这种开发模式一定程度上有利于对开发过程进行控制，提高开发效率，但是开发模式相对固化，不利于资源的更新改造，不适合数字化学习时代个性化学习的要求。相比于传统的纸质学习资源，数字化学习资源具有易分割性、资源要素流动性强等优势，可以为学习资源的动态化开发提供机遇。学习资源动态化开发的基本原则是分工协作、分层开发。首先，学习资源开发的主体应该是多元化的，应该秉持开放性的开发理念，要积极吸纳各种力量参与到教材的建设中，形成教材建设的共同体。除了传统的开发主体，还包括学习资源的实际使用者（学习者和辅导教师）。其次，学习资源采用分层级开发。为了保证学习资源具有更强的适用性和针对性，要改变原有学习资源一次开发完成的模式，要采用分层级开发的方式，即分为基础层、扩展层和应用层三个层级，三个层级之间相互联系，形成共建共享的开发机制。

1.4.2 以学习活动为动力推动学习生态体系建设

数字学习时代的学习者和学习资源之间的关系不再是利用与被利用、支配与被支配的关系，而是相互融合并最终形成一个良好的学习生态系统。在这个学习生态系统中，学习者不仅获取知识信息，而且通过与学习同伴的交流获取经验以及与学习环境的互动获得良好的学习体验。纵观人类学习的发展过程，在人类文明初期，人与自然形成了最简单、最原始、最直接的学习生态体系。在这个学习生态体系中，人类通过直接的劳动实践获取直接的生存经验，通过大自然的磨合和自身劳动的结合来完成学习过程。在此后漫长的学习发展史中，间接学习逐渐取代了直接学习，与此同时，体验式的动态学习逐渐被汲取式的静态学习所代替。在强调大规模学校教育的工业经济时代，这种学习方式发挥了一定的积极作用，能够提高学习效率。但是，在强调个性化和体验式学习的数字经济时代，信息获取不再是学习的主要目的，能力素养、价值取向以及学习体验等成为学习者的重要追求。数字化学习开始回归学习的本来状态，即通过有效的学习活动将学习过程的各个要素连接起来，最后形成完整的学习生态系统。可见，学习活动在数字化学习中发挥着重要作用。

在数字化学习时代，学习要素的流动性加快，学习者、教师、学习资源和学习工具之间的界限变得更加模糊，他们相互之间在特定环境下可以相互转化。例如，学习者既是学习知识的接收者、学习资源的使用者，还是生成性学习资源的产出者，同时是学习同伴学习经验的提供者。因此，在未来的学习资源的设计与开发过程中，一定要打破学习资源与其他学习要素和学习参与主体之间的界限，通过学习活动将彼此之间有机融合在一起，最终形成一个可持续发展的学习生态系统。

1.5 数字化学习资源开发的基本路径

数字化学习资源与传统学习资源具有全方位的差异，因此，需要建立一套新的开发模式，对传统的开发流程和开发方式进行彻底变革，特别要突出基于学习活动的动态化开发理念，从设计、开发和应用层面进行流程再造，将设计、开发和应用三个阶段一体化考虑，最终使数字化学习资源真正实现数字化学习的需要。

1.5.1 设计阶段

在整个数字化学习资源的开发过程中，首先要对学习资源的内容和形式进行设计。学习资源的设计过程是学习资源开发工作的开端，是对学习资源整体开发的统筹考虑和安排，其决定了后续开发工作的质量和应用的效果。数字化学习资源的设计工作，需要重点考虑以下几个方面内容：

根据学习资源开发过程的可扩展性不同，将学习资源分为基础层级、扩展层级和应用层级，如图 1.2 所示。学习资源的分层级设计与开发，能够最大限度地兼顾学习资源开发中的统一性和多样性的关系，既保障学习资源的质量，又能够提升学习资源使用的灵活性。

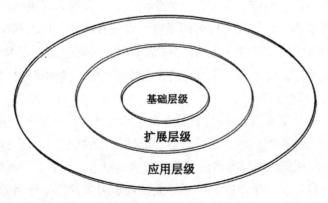

图 1.2 学习资源开发层级

1. 基础层级的学习内容

在学习资源的开发过程中，基础层是指对学习资源发挥统领性和指引性作用的资源类型。在进行基础层级的设计时，要为整个课程的目标和价值取向定下基调，为整个课程建立体系框架。未来扩展层和应用层内容，都在这个框架基础上进行扩充。因此，学习资源的基础层的内容是整个资源体系的核心，具有以下几个特征：一是基础性，即基础层的内容都是本学科的基础性的原理内容，是学习后续课程内容的基础；二是通识性，即该部分学习内容具有较广泛的适用学习对象，学习内容强调标准化和通用性；三是稳定性，该部分学习内容不会随着时间推移而发生明显的知识陈旧。基础层级的学习内容通常要由该领域的学科专家以及行业专业共同研讨设计，要经过较为周密的研讨过程以保证该层级内容的严肃性和科学性。

目前，国家开放大学采用从总部—分部—学院—学习中心的分级办学模式，赋予了不同层级相应的权利和义务，这个过程体现了从一般到具体、从基础到应用、从共性到个性的过程。通常而言，由国家开放大学总部负责实施设计层级的学习资源内容，通过组织调研、召开专家评审会等方式保障设计过程的质量。

2. 扩展层级的学习内容

扩展层级是处于基础层级和应用层级的中间层级，是在基础层级的基础上，一定程度上考虑了学习者地域特征、行业特征以及学习模式的不同，扩展性增加了与所属区域的学习者相关的更加具有实用性、针对性、时效性的内容。扩展层级在保留基础层级的通用性的基础上，主要具有动态性的特征。所谓动态性就是课程授课教师或者辅导教师能够根据教学过程中的具体情况，及时调整、补充学习内容。目前，国家开放大学的各个分部的责任教师和学习中心的辅导教师主要承担了扩展层级内容的设计，责任教师和辅导教师在具体教学过程中，根据所属区域学习者的特点，在总部设计的基础层级学习内容的基础上，进行学习资源的再次设计与开发，使扩展层级兼具统一性和灵活性的特征。

3. 应用层级的学习内容

应用层级是在扩展层级的基础上完全针对具体学习者而设计的学习内容。学习内容体现了针对性和差异化的内容，能够使不同的学习者获得个性化的学习资源内容。应用层级与学习者的工作岗位密切结合，注重学习内容的应用性。应用层级的内容主要由学习中心的辅导老师和学习者共同设计完成。学习者在应用层级中参与学习资源的设计，体现了数字化学习中学习者的主动参与性。

1.5.2 开发阶段

开发阶段是学习资源建设的关键环节，是设计阶段工作成果的具体实施过程。数字化学习资源应该秉持开放性的开发理念，要积极吸纳各种力量参与到学习资源的建设中，形成学习资源建设的共同体

（1）对于基础层内容，这部分内容强调知识的统一性和标准化，是学习资源体系的核心和灵魂，要对该部分内容的开发过程提出更高的质量要求，要保证基础层内容的严谨性、科学性、思想性，确保该部分内容的最低教学质量。

（2）扩展层内容，强调内容的适用性，职业教育的重要特点是"从实践中来，到实践中去"，即以实际岗位需求为出发点设计学习内容，尤其是要通过与产业的紧密结合，进行有针对性的教学，帮助学生在岗位中更好地解决问题。由于不同的行业、地区都有一定的差异，所以基于基础层的通用内容很难满足各个地区、行业的需求。授课教师可以根据行业特色、区域特色以及人才培养的特殊需求进行二次加工，保证教材更具有实用性、针对性和时效性。增加了扩展层内容后，此时的教材逐步转变为适合教师授课的"讲义"。扩展层背后是教师教学交流互动平台，授课教师将针对基础层扩展补充的内容上传到云平台进行保留并方便与其他教师进行相互交流。

（3）应用层的内容，强调内容的应用性，主要由使用该教材的学习者根据使用要求自我补充填写，最终将学习任务转变为工作任务。现有各种形式的教材，都没有摆脱以教师为中心的知识单向传输模式。教材的作用仍然是教师向学生传输知识的媒介。在提倡以学习者为中心的教育理念下，学习者不仅是知识的获得者，同时是知识的创造者和学习过程的融入者。远程开放教育学习者"在学中做，在做中学"，深入与产业相结合，能够最直接和及时感受到产业的变革。但是，如果学习者自身的工作经验不能很好地融入学习资源中，只能扮演被动学习的角色，那么势必会降低学习的主动性。

在数字化学习资源的开发阶段，基础层、扩展层和应用层三个层级要遵循"同步开发、双向互动"的原则。传统的学习资源开发模式，通常是先开发建设基础层级的内容，在基础层级内容开发完毕之后，授课教师在教学过程中再进行补充形成扩展层的内容。这种开发模式不仅开发周期较长，而且不利于不同层级的开发者彼此沟通交流。因此，在数字化学习时代，学习资源的开发模式应该由传统的"垂直型"开发模式向"扁平化"开发模式转变（图1.3）。在"扁平化"的开发模式下，不仅能实现不同层级的同步开发，大大提高了开发时效，还能实现不同层级的开发者相互交流，形成共建共享的开发机制。

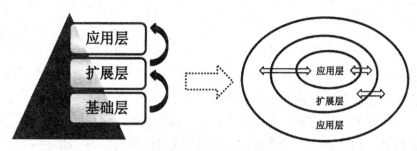

图1.3　学习资源开发模式转变

1.5.3 应用阶段

数字化学习资源在设计和开发阶段的成果要通过实际应用来检验。数字化学习是人类学习的高级阶段，主要体现在数字化学习能够实现针对每个学习者的个性化、差异化学习。因此，数字化学习资源在实际应用过程中要能够与学习者个体进行有效匹配，使每一个学习者都能够获取有针对性的数字化学习资源。

正如本书所述，人类的学习本质上是一种动态的过程，学习者只有在学习活动中获取知识，才能真正灵活运用知识并实现学习赋予人类的精神享受。因此，数字化学习资源一定要发生在学习者的学习活动中，通过动态的学习活动，使学习者与学习资源紧密地联系起来。传统的学习活动是指发生在学习课堂上的正式学习活动，这里的学习课堂既包括物理空间下的课堂也包括网络环境下的学习课堂。数字化学习突出泛在学习，泛在学习下的学习活动不仅包括传统的正式学习活动，还包括发生在工作环境和生活环境下的非正式的学习活动，而且这三种活动是紧密相连甚至会交叉重叠（图1.4）。因此，数字化学习资源，要能够考虑学习者所处的学习环境，根据学习者学习场景的差异进行动态化的调整。

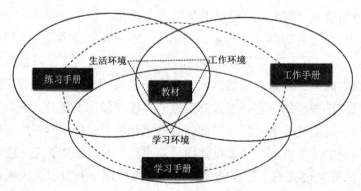

图1.4　泛在学习下教材应用场景

2. 理论基础和文献综述

2.1 理论基础

2.1.1 活动理论

1. 活动的内涵

"活动"一词的英文形式为"activity"，源于拉丁文"act"，其基本含义"doing"，即"做"。中国哲学与西方哲学中都对"活动"做过很多的思考与论述。古希腊哲学家亚里士多德最早提出"活动"（poiein）这一概念，他认为活动分为理论、制作与实践活动，他在《范畴篇》中论述了这一问题。西方有许多哲学家也在各自的理解上对活动进行了论述，都具有一定的发展。他们只承认抽象、思辨的活动或是机械的理解"活动"，认为活动只是个人行为、日常交往等人类行为活动。中国哲学史上对此理解有所不同。在中国"活动"一词在古汉语中并没有确切定义，但"行"字可以说是与"活动"意义最接近的词。中国哲学史上，"行"与"知"是分不开的，从朱熹的"论先后，当以致知为先；论轻重，当以力行为重"到王延相的"知行兼举"等都可以看出中国哲学中"行"与"知"的关系。中国思想家也更认同"知行合一"。

"活动"的概念在马克思主义产生后，具有了更全面、更深入的阐释：人的活动是人的感性活动，当作实践去理解"活动"。毛泽东同志也在《实践论》中把"知"与"行"的关系概括为"认识和实践的关系"，并指出"实践是主观见之于客观的东西"。"活动"是人类生存与发展的基本形式，是人类与周围客观事物交流与改造的过程，是人类完成对客观环境认识和需要的目的的过程。劳动是人类生存的基本行为，是人类创造物质财富与精神财富的过程。

2. 活动理论的界定

活动理论不是方法论，而是对人在一定的社会文化历史环境中的活动（情境脉络中的活动）进行研究的一种理论。它是研究作为发展过程的不同形式人类实践的哲学框架，同时包括相互联系的个体层面与社会层面，并指出人类与环境客体之间的关系是由文化内涵、工具和符号中介联系着。活动理论研究的代表人物 Kuutti 认为，"活动理论是一个研究作为发展过程的不同形式人类实践的跨学科框架"，包括同时联系的个人和社会层面，以及制品的使用。Kuutti 为活动理论的研究范围作出了一定的界定，它包括了个人、社会及其联系，是个人在社会中的实践过程。从 Kuutti 的观点可以看出，活动理论关注的是实践过程而非知识本身，是人们在发展过程中使用工具的本质、不同的环境作用、社会关系、活动目的与意义，最终达到对主体或客体进行改变的过程和结果。活动理论是人的实践过程。

我国活动理论的研究，可追溯至 20 世纪二三十年代陶行知先生的"生活教育"实验和陈鹤琴先生的"活教育"实验。经过几十年的探索，我国不少中小学在活动育人方面积累了不少的经验。20 世纪 90 年代初，国家教委正式将活动课程纳入九年义务教育课程计划，活动及其认识在发展中得到了应有的重视，活动理论的研究和时间逐渐形成高潮。

3. 活动理论的基本内容

活动理论研究的基本内容是人类活动的过程，是人与自然环境和社会环境中，以及社会群体与自然环境之间所从事的双向交互的过程，是人类个体和群体的实践过程与结果。人的意识与活动是辩证的统一体。也就是说，人的心理发展与人的外部活动是辩证统一的。活动理论为研究人类的活动行为和活动结果提供了一个有力的分析框架，有助于更深层次地透视和剖析人类的各种社会实践。黑格尔的经典哲学与马克思的辩证唯物主义都是活动理论的哲学根源，两者都把活动作为对人类发展进行研究的出发点。除此之外，活动理论还源于维果茨基（Lev Vygotsky, 1896—1934）、列昂节夫（Aleksev Nikolaevich Leont'ev, 1903—1979）、卢里亚（Aleksander Romanovich Luria, 1902—1977）等俄国心理学家的社会文化传统和社会历史传统[①]。

1922 年，鲁宾斯坦（Rubinshtein）在其《创造性自主活动的原则（关于现代儿童学的哲学基础）》中，首次提出了心理学意味的哲学概念——"活动"。他对"活动"的强调并不只是外在的行动，而是与意识的关系。之后，随着"维列卢学派"和其他学者的不断深入研究，活动理论逐渐丰富。20 世

---

① 戴维·H. 乔纳森. 学习环境的理论基础［M］. 郑太年，等译. 上海：华东师范大学出版社，2002：91.

纪 80 年代，维果茨基学派的重要创始人相继去世，莫斯科心理学界学者为了表彰他们的卓越贡献，出版了多本"维果茨基人"的心理学丛书，《维果茨基全集》也被重印。在此期间，学界关于活动理论展开了热烈的讨论。1988 年，《Activity Theory》在柏林成立，并定期举行国际学术讨论会。1990 年，莫斯科心理学协会发表了一本《活动：理论、方法论、问题》的论文集，主要论述了活动的概念、其他人文概念、活动理论的学科属性[①]。

20 世纪 70 年代，在美国，哈佛大学的心理学家科勒（Cole）把活动理论介绍给了西方学者。经过诸多学者的共同努力，活动理论的研究者组建了一个学派，该学派已经成为当代社会科学研究的一个重要分支。在德国，B. Fichtner、H. Giest 和 G. Rückriem 以及 J. Lompscher 产生了一系列研究和理论，主要侧重于学习并解决数字媒体在人类活动的发展。在澳大利亚，A. Blunden 建立了一个跨学科的活动理论，该理论深深植根于哲学辩论中。在芬兰，学者恩戈斯托亚姆（Yrjö Engeström.）被看作当代活动理论相关领域的研究权威，1987 年，她提出将活动理论自 20 世纪 20 年代以来的发展历程划分为三代。此后，恩戈斯托亚姆和桑尼诺等在赫尔辛基大学（University of Helsinki）的"活动、发展和学习摇篮"研究中心、坦佩雷大学的 RESET 研究小组继续发展活动理论。"在资本主义全球化的当前阶段，诸如贫穷、气候变化和流行病等相互关联的对象不能再被视为孤立的问题，而应通过技术手段加以控制；它们影响和渗透到无数活动的对象，并要求从根本上改变我们社会和生活的组织方式。"[②] 2021 年，她正式提出第四代活动理论的构想。"为了迎接当今世界工作的挑战，活动理论必须认真从事其第四代的发展。但第四代的研究成果是建立在前几代人的想法和工具基础之上的。"[③] 在荷兰，B.van Oers 和他的同事开发了一种较为广泛的活动理论学习方法。这些只是当前活动理论中方法多样性的几个突出示例[④]。活动理论的主要内容如下：

① 赵慧军. 活动理论的产生、发展及前景［J］. 东北师大学报（哲学社会科学版），1997（1）：87–93.

② Engestrm Y, Sannino A . From mediated actions to heterogenous coalitions: four generations of activity-theoretical studies of work and learning［J］. Mind Culture and Activity, 2020（3）：1–20.

③ Engestrm Y, Sannino A . From mediated actions to heterogenous coalitions: four generations of activity-theoretical studies of work and learning［J］. Mind Culture and Activity, 2020（3）：1–20.

④ Sannino, A., Engeström, Y. Cultural-historical activity theory: founding insights and new challenges.［J］.Cultural-Historical Psychology, 2018（3）：43–56.

活动理论中分析的基本单位是活动。活动系统包含三个核心成分（主体、客体和共同体）和3个次要成分（工具、规则和劳动分工）。次要成分又构成了核心成分之间的联系。它们之间的关系如图 2.1 所示。

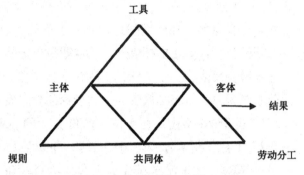

图 2.1　人类个体活动结构模型

①主体（Subject），在教学设计中，主体即为学生，是教学设计的执行者。活动理论中对主体的分析也就是学习者分析，应调查学习者具有的认知水平，情感、技能水平等特征。对学习者分析有利于教学设计中给出合理的教学目标，组织更有效的教学活动等，是后续工作的保障。

②客体（Object），教学设计中，客体即教学目标，或学习目的，是主体通过一定的活动受到影响改变的东西。客体的分析与设计方向根据主体的情况因人而异，又要达到一定的要求，所以客体既具有主观性，又具有客观性。教学过程中的教学目标分析与准确定位，也是教学顺利有效进行的前提。

③共同体／群体（community），在教学设计中，活动理论的共同体指除学习者自身外其他共同学习者。教师及其他工作人员等。这里的共同体是指与学习者共同完成学习过程的参与者。共同体在整个过程中起重要作用，有时为引导，有时为参与，在进行学习活动过程中，共同体不断影响主体，为主体提供所需的资源或资助，所以活动有时属于个体，有时属于共同体。

④工具（tools），活动理论中的工具在教学设计中可以理解为教学环境，包含教学过程中使用的硬件与软件的设计。活动理论认为人类活动是离不开工具的，学习也一样。笔墨纸砚是古代学习的必备工具，现代的教材、计算机等是学习需要的硬件，而和谐的同学关系、愉悦的心情、良好的网络等都是软件工具。良好的教学环境设计可以使学习事半功倍。

⑤规则（rules），规则是用来协调主体与客体的，是教学活动过程中的一种制约、约定。比如，大多数情况下，学生要听从老师的安排，老师与学生互动时，二者必须保持某种关系，参加角色扮演时，参与者必须遵守对角色的安排等。

⑥劳动分工（division of labour），在教学过程中，不同的成员在教学过程

中要完成不同的任务。教师是教者，学生为学习者，教育技术人员做辅导人员。在活动理论中，完成活动过程是需要不同成员完成不同任务，以使活动可以正常进行下去，在教学中也一样，虽然根据教学需要，有些角色某些时候会发生变化，但每个人都要完成自己应该完成的任务，否则教学将不能良性地进行下去。

4.活动理论的原则

活动理论有五大原则，包括以目标为导向、具有层级结构、内化和外化结合、具有工具中介和发展原则。

以目标为导向是指活动是指向目标的，无论采用什么样的活动形式，什么样的活动过程，它的目标是一定的。列昂节夫认为，活动反映的是学习主体的需要，当学习者满足了学习需要，目标也就达到了。在教学活动中，目标可以改变形式，但不能改变其性质，也就是说，教学目标在教学过程中应该是确定的。活动理论具有层级的结构形式，列昂节夫认为活动存在三个等级，即活动、行动和操作。操作是活动中的动作单位，具有较小的目标性，是比较低级的活动层次。行动则是在一系列操作下的活动单元，行动完成一个比操作更大的目标，更靠近一个活动。活动是最高层次的结构，活动的目标是固定的，行动用以完成活动。活动的形式是多种多样的，对应的行动也是更加复杂的，但目标是相对于时间、地点与学习者，学习目标是不变的。内化和外化是指活动对人的影响的两个方面。内化是将活动中的知识、技能、理论等内化到人的头脑之中，是学习者对外在世界认识的改变。外化则是因内化而改变学习者行为，改变学习者行为方式的表现。在活动理论中，活动是由内化转向外化，外化再影响内化的一个过程。外化与内化相互影响，相互作用。活动理论需要工具中介的介入。活动理论使用大量的工具，有基于人类文化的，如符号、语言等，也有物理的活动工具，如机器、自然环境等。这些工具是活动理论的基础。对于网络学习，网络教学平台也成为活动学习的基础工具，以活动理论为指导，利用合适的网络平台必将成为网络教育的一个新亮点。发展是活动理论的要求，是对学习者的基本意义。

活动理论中关键的一点是内在和外在是融合的、统一的。活动理论的内在在于理论本身的精神，是教学设计中灵魂所在，而其外在的表现形式，是活动形式设计的表现，网络发展、硬件技术的成熟，已使我们的生活处处体现网络的优势，新时代的教育已向个性化、终身化方向延伸，让活动理论的灵魂与网络的形式结合起来必将为教育带来一阵清新的春风。

5. 活动理论与学习行为

（1）学习本质上是一项实践活动

人的实践活动是人的思想意识的来源与动因[①]。人类通过各项实践活动得以生存和发展，不断在实践活动中总结经验，并将这种经验以不同方式进行传承，即学习的最初形态。在以后的岁月中，人类通常是借助种种中介（社会实践活动中的工具、语言、机械、科技、艺术等知识）参与到学习中来的。在教与学的过程中，学习就是学习者的劳动，在学习过程中，学习者完成学习活动即是对认识需要的获得与对外界环境的改变。所以，在活动理论中对于教学范畴而言，"活动"即为教与学过程中的行为总和，是学生对知识认知与技能发展的总和。

数字化学习活动也可以用活动理论来描述和解释，第三代活动理论体系中有六个要素，包括主体、客体、工具、共同体、规则、分工。"主体"在数字化学习活动中即为学习者，是指在课堂中或在线学习平台上的学习个体或小组，针对混合学习活动的特定主题，教师根据一定的分组规则对学生进行分组或者由学生自己根据自己的能力及兴趣特长自主形成小组，形成具体情境下的学习小组。"客体"即为学习者要学习的知识、技能或者是要解决的真实问题等。"工具"是联系"主体"与"客体"的中介，在学习活动中"工具"发挥的是将学习者和知识结构或现实问题联系起来的中介作用，而在混合学习中发挥这种作用的是网络学习平台。"共同体"即为学习共同体，学习共同体还需要实现信息交流，学习共同体包括涉及学习活动的所有个体和团体。在学习共同体进行学习活动时，学习者和教师必须遵循一定的活动"规则"，即学习活动共同体为集体活动制定的学习目标、操作规范、试验程序、评价标准等。"分工"贯穿数字化学习的各个阶段，需要细化到每一个学习个体，相互协作共同完成一个任务。

数字化学习活动系统中对应的四个子系统分别是实践、学习、分工和教学。整个数字化学习活动的中心是学习，实践、教学和分工都服务于学习。学习就是消费，实践就是生产，分工就是分配。交换是由于活动系统内部和外部环境相互影响不断地从无序状态到有序状态的转化而发生的能量转化，在数字化学习活动中，这种"交换"是将教师的教学行为作为中介使学习者个体的内部知识结构持续顺应或同化，不断重构并完善学生的内在知识结构。活动系统

---

① 何迈.哲学新编［M］.兰州：甘肃人民出版社，1986：65-77.

中的各部分要素各司其职，相互协作，共同推动整个系统不断向前发展，学习目标是推动学习行为的关键动力，教师是活动系统中的促进者、监督者和帮助者，对学习活动发挥辅助作用，网络学习平台是学习者发生学习行为的媒介，属于工具的一部分，每一位学习者在小组中是一个构成实践开展的要素，为完成共同的学习任务或解决共同的问题发挥价值。"生产"是指通过实践活动将理论转化为实物的过程，在混合学习活动中就是指实践活动，包括观察、模仿、探索、应用、反思等行为。

（2）学习过程是由复杂的互动关系构成的

在学习过程中，学习者是主体，学习的内容是客体。在教师搭建的脚手架的支持下，学生有意识地感知客体、实践客体、支配客体，将凝集在客体中的一系列要素（知识、经验、技能、感情等）吸收并内化为自我主观世界的一部分。正是在这一过程中，学生主体不仅与客体发生了交互作用，同时自身的结构与能力被客体释放的影响所改造。正是在活动理论的支持下，教学过程中最核心的学生与客体之间的关系才得以鲜活地展现。学习资源的重要作用之一就是将学习环境中的各个主体和客体紧密地联系起来，能够让学习主体对学习客体有更直观的感受。

（3）学习活动既是学习资源的生成基地，又是学习资源的应用基地

学习的本质是学习者个体在一定环境下，与媒体、客体、环境产生交互作用，并根据自己原有的知识与经验，有意识或无意识地产生注意的选择，选择性地对知识或信息进行加工、分析、整合、建构，生成新的或改变原有知识结构的过程，具有明显的个体选择性、过程性、情景性和生成性[①]。

学习活动和学习资源之间有着密切的联系，一方面，在学习活动中，学习者的主观能动性成为新的学习资源的创生动力源泉，尤其是能够生成鲜活的生成性学习资源；另一方面，通过有效的学习活动，可以使学习者与学习资源之间进行充分互动，不仅能使"静态"的学习资源"动"起来，更能够提升学习者学习的情境性、目的性和适用性。因此，本书将活动理论作为研究数字化学习资源开发的理论基础，将学习活动作为学习资源的设计出发点和应用归宿点。

---

① 罗雁文. 生成性数字化学习资源的创生基础、过程及保障研究［J］. 广州广播电视大学学报 2017，17（4）：6-10，108.

2.1.2 生态心理理论

"生态心理学"这一术语多指产生于 20 世纪 40—70 年代，由勒温、巴克、吉布森、奈瑟、布伦瑞克等开创的生态学取向的心理学研究，即将生态学的理论和方法引入心理学研究中来，用生态学的理论和方法来改造传统心理学。生态心理学（ecological psychology）是心理学的一个分支，是应用生态学观点研究个体行为原因的一门学科。心理学研究多集中于单个个体对单个刺激的反应，也承认社会变量对理解行为的重要作用，而心理学的生态观则进一步强调个体行为与其环境条件（人际的、社会的、自然的）是不可分割的。

"生态心理学"从主流心理学内部发起的对主流心理学的批判和改造，针对主流心理学实验方法的"人为性"缺陷，将生态学的观点引入心理学研究领域，倡导心理学研究的生态化。生态学的研究方法直接影响了生态心理学的研究取向。生态心理学强调自然观察和现场研究，主张心理现象只能在"背景"中被理解，心理学研究对象必须由实验室行为转向现实生活行为，由只考察有机体个体转向考察有机体和环境的相互关系。生态心理学的研究方法是生态学的野外观察法对人的研究的自然回归。

生态心理学在方法论上倡导将交互作用原则作为主要研究原则。具体来说，就是主张实际生活环境的研究原则、多元方法选择原则、多元交互解释原则。这些原则带来了心理学研究模式的转向：从探讨思辨中或实验室中的心理向探讨真实环境中的心理转变；从人的心理内部机制的探求转向对人和环境互动关系的探求；从对理论模型的追问到对理论背景与实验设计之间匹配的关注；从分析性思维模式为主转向综合性思维模式。

生态心理学有广义和狭义之分，我们通常所说的是指狭义生态心理学。狭义生态心理学的两大理论核心是以巴克为代表和以吉布森为代表的理论范式，其他人的思想都基本上是在整合和延伸他们的思想的基础上展开的。作为一种研究取向，可以把狭义生态心理学初步界定为是一种强调研究动物（人）—环境交互体的动态交互过程，尤其倾向于研究生态环境中的具有功能意义的心理现象的取向。

生态心理学是一种伴随着主流心理学的发展而发展的取向，但是它一直处于心理学研究的边缘地带，备受冷落。随着一批倡导生态心理学的心理学工作者的努力，特别是当主流心理学陷入困境后，生态心理学由于它自身的优势逐渐受到人们的关注。

生态心理学以生态哲学作为新的基础，以交互作用原则为中心原则，以生态效度的实验研究法和自然主义研究法等为主要方法，通过揭示人和环境的交互关系来研究、解释和预测现实生活中的行为和心理现象。与传统主流心理学相比，它更加符合社会生活对心理学研究的迫切需要，并且更加符合人的心理的真实情况。因此，目前，它在心理学的各种分支领域中都有广泛的研究和应用。近年来，生态心理学的应用开始拓展到教育和学习领域，逐渐产生了一种"生态学习观"。

生态学习观以生态心理学对人与环境关系的解释为基础，从整体性、适应性和多元性的角度来审视学习，认为学习是学习者对环境的感知和作用于环境的行为之间互动的结果。郑葳等认为，生态学习观视野中的学习是指"作为信息探测者的学习者通过积极主动的活动，借助有目的的反思实践，对其情景（物质及社会环境）所能提供的给养进行调试的过程"。[①]生态化网络学习环境的构建以生态心理学、生态学习观为理论指导，试图探究如何充分利用整合丰富技术的网络学习环境来促进生态化学习的论题。

2.2 文献综述

学习资源问题一直是国内外教育技术领域研究的热点问题，近年来，国内数字化学习资源研究主要集中在以下几个方面：数字化学习资源分类、构建数字化学习资源有效应用策略、数字化学习资源整合、数字化学习资源评价标准、数字化学习资源建设、数字化教育资源共建共享等。

2.2.1 教育资源生态技术的研究分析

当前，对教育资源的研究呈现生态化趋势。如在教育资源分布及应用方面，有些学者利用生态学原理来分析并进行教育生态学的研究。美国的克雷明，中国台湾的方炳林、吴鼎福出版了《教育生态学》。在教育生态学方面有影响的研究来自布朗弗布伦纳和劳伦斯克雷明，以及美国社会心理学家 Bonnie Nardi 和 Vicki O's Day, Davenport。Davenport（1997）首先正式提出了信息生态的概念[②]。国内方面，范国睿一直在教育生态学领域进行研究；余胜泉，陈

---

① 郑葳，王大为.生态学习观：一种审视学习的新视角［J］.心理科学，2006（4）：913-915.

② Davenport T H, Prusak L. Information Ecology［B］. New York:Oxford University Press, 1997.

莉（2006）提出利用信息生态理论研究教育信息化[①]；凌玲、贺祖斌出版了专著《教育生态学视野中的区域教育规划》；吴永和、祝智庭等（2006）在《基础教育信息生态系统白皮书》中对基础教育信息生态系统进行较深入的分析；祝智庭（2006）在教育信息化技术标准开发的新挑战报告中提到学习生态。王佑镁、吴永和、祝智庭（2009）提出教育信息化开放生态系统模型和建设策略。

2.2.2 数字化学习资源研究

1. 数字化学习资源分类的研究

早期我国数字化学习资源没有统一的分类标准，大多按资源属性分类，近年来从使用者角度对数字化学习资源进行归类。陈忠辉（2004）从使用者的角度出发把数字化学习资源分为网络工具型资源、资料性资源、交互性人力资源和虚拟现实型资源4大类[②]。孙莹等（2008）从学习者的角度出发并基于加涅的学习结果理论对基础教育数字化学习资源进行重新归类[③]。以上这些研究都一定程度上规范了我国数字化学习资源的分类标准，对后续研究具有一定的启发作用。

2. 构建数字化学习资源有效应用策略的研究

我国数字化学习资源建设多，但在实际应用中发挥作用少，数字化学习资源并没有达到理想的应用效果。许多学者做了大量的实证研究，通过分析数字化学习资源应用现状，发现问题并提出解决策略。王娟等（2011）分析了国内数字化学习资源发展现状，发现问题并提出促进数字化学习资源有效利用的策略[④]；王运武（2008）对数字化教育资源进行界定，描述我国数字化教育资源建设现状，提出数字化教育资源的发展策略[⑤]。这些研究针对目前我国数字化学习资源建设和应用现状，提出实现资源合理优化、配置、高效利用的可行性办法。

---

① 余胜泉，陈莉.构建和谐"信息生态"，突围教育信息化困境［J］.中国远程教育，2006（5）：19-24.

② 陈忠辉.试论数字化学习资源的分类与利用［J］.福建教育学院学报，2004（5）：106-107.

③ 孙莹，吴磊磊.基于学习结果理论对基础教育数字化学习资源分类方法的探究［J］.现代教育技术，2008（1）：74-77.

④ 王娟，杨改学，孔亮.国内数字化学习资源发展策略研究［J］.现代远程教育研究，2011（5）：40-44.

⑤ 王运武.我国数字化教育资源现状及发展策略［J］.中国教育信息化，2008，（1）：9-11.

3. 数字化学习资源整合研究

数字化学习资源是数字化学习的基本内容和要素，其整合和应用的水平直接影响到数字化学习的效果。谢舒潇等（2007）通过对多元化背景下学习者数字化学习需求和特征的调查，针对调查显示的问题，提出解决上述问题，实现多元化背景下数字化学习资源建设的途径[①]；余延东等（2009）基于 Web 2.0 理念提出若干教育资源库整合的策略，并用图示和文字对相关设计原理、实现策略和应用绩效进行了说明，最终给出整合后的功能模型，以期对数字化教育资源库的深入发展提供有益参考[②]；张琪（2012）从数字化资源内涵建设、长效政策机制制定、服务平台规划以及提升教师信息技术素养 4 个方面展开论述，以推进数字化教育资源的合理规划和协同共建[③]。这些研究都针对当前数字化学习资源的使用状况，提出了促进数字化学习资源有效整合应用的途径与思路，为日后数字化学习资源的发展起到促进作用。

4. 数字化学习资源评价标准研究

为保证我国数字化学习资源规范运用，必须建立一套数字化学习资源评价体系。近年来，在数字化学习资源评价标准方面，许多学者也做了相应的研究。赵厚福等（2010）探讨了数字化学习资源共享的基础、层次与机制，并简要分析了可以参考的技术标准[④]；左晓梅（2011）通过借鉴英国 Becta 组织对数字化学习资源的相关评估实践，尝试构建一套本土化的数字化学习资源评估指标，侧重从应用和设计的维度来保障数字化学习资源的高质量[⑤]；万力勇（2013）对数字化学习资源质量进行界定，对数字化学习资源质量评价相关标准进行综述，在此基础上，提出数字化学习资源质量评价的指标体系，并对相关评价方法进行分析，最后提出数字化学习资源质量评价的相关策略[⑥]。这些研究都在一定程度上对我国数字化学习资源评价标准的建立提供了参考。

---

① 谢舒潇，李招忠，林秀曼.多元化背景下数字化学习资源的整合与应用 ［J］.电化教育研究，2007（5）：34-38.

② 余延东，赵蔚，黄伯平.Web 2.0 理念与数字化教育资源库的深层次整合研究 ［J］.中国电化教育，2009（4）：51-56.

③ 张琪.数字化教育资源整合构建策略研究 ［J］.软件导刊，2012（3）：64-66.

④ 赵厚福，祝智庭，吴永和.数字化学习资源共享的技术标准分析 ［J］.现代教育技术，2010（6）：66-69.

⑤ 左晓梅.基于应用和设计的数字化学习资源评估研究 ［J］.软件导刊，2011（10）：62-64.

⑥ 万力勇.数字化学习资源质量评价研究 ［J］.现代教育技术，2013（1）：45-49.

5. 数字化学习资源建设研究

针对我国在数字化学习资源建设中的问题，学者也做了这方面的研究，旨在为数字化学习资源建设提供建设性意见与参考。当前的数字化学习资源建设的研究主要有以下几个方面：首先，通过对资源建设的现状分析，发现问题并提出解决策略；其次，有关国家开放大学（广播电视大学）数字化学习资源的建设研究，赵惠等（2013）从数字化学习资源的含义出发，在问卷调查的基础上分析高职院校数字化资源建设存在的主要问题，并针对问题提出若干建议[1]。最后，数字化学习资源平台建设研究方面。以上这些研究都对我国的数字化学习资源建设问题进行了探讨，并对资源建设提供了宝贵意见，对后续研究具有一定的指导作用。

6. 数字化教育资源共建共享研究

随着各项教育信息化建设工作的有序推进，我国教育信息化资源建设的重心正逐步转向资源的整合与共享。我国学者在数字化教育资源共建共享方面也做了不少研究。例如，郑朴芳等（2011）分析了区域数字化教育资源共建共享系统要素，依托实地调研，剖析了制约数字化教育资源整合与共享的因素，并从区域内部和跨区域两个维度分别提出了促进数字化教育资源整合与共享的机制[2]。这些研究为实现我国教育信息化发展进程中海量教育资源有效整合及广泛共享提供了借鉴，对后续资源"公建众享"模式的提出具有一定的指导作用。

---

[1] 赵惠，于素云.关于高职院校数字化学习资源建设的思考［J］.成人教育，2013（1）：103-104.

[2] 郑朴芳，胡小勇.区域数字化教育资源整合与共享机制研究［J］.中国教育信息化，2011（2）：71-75.

3. 数字化时代课程教材的设计与开发

3.1 数字化时代教材发展概况

3.1.1 数字化时代课程教材的内涵

从现实角度来看，教材是教师指导学生学习和学生自主学习的一种主要书籍、材料或媒体，是学科内容的基本反映和典范，是知识信息的系统性和权威性记录。关于教材的认识，有狭义和广义之分。狭义的教材指教科书或课本，广义的教材泛指为了实现教学目标和学习目的，一切可以利用的学习资源，从内容上说，包括教科书、教参、教辅、图册、习题集、练习册等；从形式上说，包括纸质教材和数字教材。

教材的产生与发展伴随着教育形式的演变历程，经历了从口授教材、手抄教材、纸质教材、音像教材、电子教材、数字教材等不同的形式。尤其是当以大规模、标准化为特征的学校教育出现以后，教材也进入正式出版发行的阶段，对教材质量的提高和使用范围的扩大均起到了积极作用。教材是学校教育教学的基本依据，是落实立德树人根本任务的关键要素和重要载体，直接关系党的教育方针落实和教育目标实现[①]。党和国家也出台了很多政策和文件强调了教材在整个人才培养中的重要作用。

3.1.2 教材历史演进的动因分析

1. 教材演进的直接动因——教育技术的融入

现代意义的教材产生于清末的学校教育，"在学校教育中具有重要地位和多方面作用，被称为替代教师作用的沉默教师，是师生教学活动的基本依

---

① 金文旺，李正福，刘湉祎. 样化、合作与创新：推动高等教育教材建设高质量发展［J］.中国高教研究. 2022（4）：64-70.

据"①。从教材正式出现伊始到 21 世纪初，教材的主要形式一直是纸质形式。纸质教材的主要优势在于直观性强，内容严谨且相对稳定，容易产生触及心灵的阅读体验。相比日益成熟的数字化教材，传统纸质教材具有不方便携带、内容更新较慢、与现有的网络学习方式不能很好地衔接、使用成本较高等缺陷。近年来，纸质教材在出版领域还逐渐暴露出修订困难、新编教材动力不足、出版形式较为单一等问题②，进一步加剧了纸质教材面临的困境。

伴随着数字化时代的来临，数字化的学习资源大量进入课堂教学中。"翻转课堂""可汗学院""电子书包""视频公开课""1:1 数字化学习""BYOD（让每一个学生自带信息设备来上课）""混合学习"等教育创新项目在全球迅速走红，大大丰富了传统教学内容。

教育技术的不断融入，不断改变着传统教材的形式和内容，纸质教材的数字化是未来一个阶段的主要改革方向。例如，在纸质教材中不断嵌入不同形式的媒体资源，拓展了教材的内容空间；开发与纸质教材相配套的电子化图书，甚至部分教材将增强现实技术（AR）和虚拟现实技术（VR）等技术应用到教材中，增强了教材的可读性和表现力等。数字化教材利用多媒体技术将传统纸质内容进行数字化处理，转化为适用于各类电子终端的互动性教材。数字教材的出现，进一步改变了传统教材的形式，其充分发挥信息技术优势，融合了文字和音频、视频、图片及动画等元素，具有表达更加生动形象、有利于互动交流、有利于分层施教、有利于修订完善等优越性。数字教材经历了纸质教材数字化、多媒体数字教材、互动式数字教材和集聚式数字教材等不同阶段。

随着教育技术融入的程度，数字化教材与传统纸质教材的关系经历了"从属配套—异路模仿—延伸辅助—协同配合"等不同阶段③。可以清晰地看出，技术的介入造就了不同阶段的数字教材形态，成为影响数字教材与纸质教材关系建构的外部力量。数字化教材借助其强大的表现力，成为学习者学习中的重要资源。"数字信息技术影响教育教学先后经历了塞入到嵌入、从整合到融合的历程"④，纸质教材和数字化教材呈现你中有我，我中有你的关系，各自皆无法承担起现阶段全部学习的重任。

① 曾天山.教材论［M］.南昌：江西教育出版社，1997.

② 王强.传统纸质教材面临的瓶颈与突破［J］.中国编辑，2019（9）：54–57.

③ 王润.数字教材与纸质教材关系演进：历程、逻辑与展望［J］.教育学报，2021，17（5）：111–122.

④ 余宏亮.微课程导论［M］.北京：人民教育出版社，2019：2.

2. 教材演进的根本动因——教学模式改革的需要

虽然教育技术在教材形式演进中发挥了重要作用，但是真正促使纸质教材改革的根本动因是教学模式的转变。教材形式和教学模式之间是一个相互推动的关系，一方面教材形式的演进推动了教学模式变革[①]；另一方面教学模式改革又会促进教材形式不断变化。传统面授教育形式对于教材形式的要求并不是很高，即使对于职业教育而言，活页教材更多的是从教育内容角度进行变革。纸质教材的数字化和活页化改革在传统教育领域更像是"锦上添花"。

远程开放教育作为一种新型的教育形式，对教材的形式提出了更高的要求，教材的形式要能够适合学习者在泛在化的学习空间内，基于网络化和数字化的学习手段，实现开放性和个性化的学习目标。因此，纸质教材的数字化和活页化改革在远程开放教育领域可谓是"雪中送炭"。

（1）学习空间泛在化

泛在化学习是指学习者能够随时随地地学习，尤其是利用碎片化时间进行学习。泛在化学习要求学习资源尽量微型化，如应用越来越广泛的微课即是在这样的背景下产生的新型学习资源。

活页教材的设计，同样要求做到微型化，即每个模块都要能单独使用，同时不同模块还要相互联系，做到碎片化和系统性的统一。由于远程开放教育学习空间的多样性，要求教材能够适应学校、生活和工作等不同应用场景下的学习。

（2）学习手段网络化和数字化

远程开放教育是基于网络的数字化学习方式，数字化的学习资源是学习工具。活页纸质教材要能够嵌入数字化的学习网络中，与其他数字化的学习资源互联互通，共同形成数字化学习生态系统。这就要求要基于数字化和网络化思维进行活页纸质教材的设计，最终实现互联网学习向物联网学习的转变。

物联网学习是互联网学习的高阶阶段，是在目前互联网学习的基础上，融入更多非数字化的学习介质，以适应学习者不同学习情境的需要，提供学习者学习的可选择性和自由度。活页纸质教材将在未来的物联网学习中发挥重要作用。

---

① 王润. 数字教材何以推动教学变革：逻辑与路径［J］. 湖南师范大学教育科学学报，2021，20（5）：44-51.

（3）学习过程开放性和个性化

远程开放教育的特征之一就是开放性，允许不同背景的学习者都有条件进行学习。由于学习者的背景有一定的差异，在教学过程中要特别注重因材施教，根据每个学习者的个性化特征选择教学方式。因此，远程开放教育中的开放性和个性化是有着较强的关联的。

活页纸质教材要突破原来固定封闭式的呈现方式，要能够根据学习者的需要进行动态的调整，已实现个性化学习的需要。活页纸质教材要能够在开放式的模式下进行设计和开发，允许教材使用者也参与到教材的二次开发之中。

基于以上需要，需对现有的活页教材有更加深入的改革，使其不仅能做到形式上的活页，更能融入灵活快速的教学之中。实际上，从现有的开放教育的教学需求分析，其对活页教材有着较为强烈的现实需求。

3.1.3 数字化时代教材存在的问题

在数字化学习时代，传统纸质教材从形式和功能上都受到数字化学习资源的挑战。尤其在强调自主学习和实践应用能力的职业教育和成人教育领域，纸质教材使用率持续走低。虽然纸质教材不断尝试改革创新，但均没有从根本上解决传统纸质教材面临的形式单一、使用不灵活、内容固定封闭等现实困境。人们不禁要问，纸质教材真的过时了吗？数字化学习时代，纸质媒体资源和数字化资源是一种替代关系还是可以进行兼容？这些问题正成为教育工作者和出版行业共同面对和解决的问题。

对于远程开放教育领域，教材建设工作是整个学习资源建设工作的起点和依据。尤其是基于数字化学习的新特点，要加大对传统教材形式进行改革，发挥好自身核心教学资源的作用服务好教学、适应好教学、促进好教学。尽管在远程开放教育领域，教材一直在不断变革以适应开放教育教学模式的改革，但是仍然存在一些问题。

1. 教材开发团队的问题

第一，编写团队稳定性问题。由于知识更新加快，要求教材要不断更新内容。如果编写团队更换，将会带来同一本教材很难持续进行内容更新的问题。

第二，教材开发团队结构单一，角色重叠。数字化时代教材的开发是一项具有较高技术要求的系统工程，需要学科教师、课程专家、策划编辑及技术人员等专业人员的共同参与和团结协作[①]。目前的开发模式仍然是按照传统纸质教材的开发流程进行的，导致后续建设过程存在诸多问题。

2.不同形式教材与学习平台相互融通问题

远程开放教育进入以学习平台为中心的阶段，学习平台作为教学过程的主要发生地，承载着所有类型学习资源的支撑和连接作用。现阶段，无论是纸质教材还是活页教材，基本上都是自成体系，形成一个单独的学习系统，没有完全和学习平台建立充分的关联，人为地形成了两套相互平行的学习系统。

教材与学习平台融通性低的原因，一方面是缺乏必要的融通通道，另一方面则是由于不同形式的学习资源没有形成一套标准化的建设标准，导致相互兼容性较低，增加了融通难度。例如，目前已经做到了将一些数字化的学习资源嵌入教材之中，但是各种资源由于开发时间、开发标准有所不同，导致整本教材的协调性较差；另外，教材的设计也没有完全按照数字化学习的特征去研究不同文字内容的表现方式。

3.教材与教学模式融入度较低

教材与教学模式融入度较低，有来自教学实施者和教材开发者两方面的原因。从教学实施者（主要是指教师）来说，没有完全发挥教材尤其是数字化教材的功能，仅仅将其简单作为知识的载体来使用，忽视了教材的知识通道的作用；从教材开发者（编写者和出版者）来说，没有完全考虑教学模式和学习环境对教材形式的影响，没有完全考虑教学过程中实际需要什么。

进入数字化学习时代，远程开放教育的教学形式和要求都发生了很大的变化，对教材提出了新的要求：要以学习者为中心，充分考虑远程开放教育教学模式和学习模式；要以职业技能为导向，充分考虑教材的实践性和应用性；要以教育技术为依托，充分考虑教材功能多样化；要基于教学变革的思路建构教材未来路向。

总之，创新是社会发展的动力，也是解决发展中各种问题的钥匙，纸质教材面临的问题同样需要创新来解决，教育工作者和出版行业要根据数字化学习的要求和学习者的实际需求进行分析，设计出适合数字化学习的新型教材形式，其中活页教材和数字教材是两种探索形式。

---

① 周启毅.数字教材建设中的常见问题分析［J］.出版广角，2021（21）：56-58.

3.2 活页教材的设计与开发

3.2.1 活页教材概况

近年来，在职业教育领域大力探索工作手册式活页教材，通过将传统的教学内容与现实的工作任务进行结合，不断提高纸质教材的灵活性和实践应用性。国家也出台了大量政策文件鼓励职业院校"根据职业学校学生特点创新教材形态，推行科学严谨、深入浅出、图文并茂、形式多样的活页式、工作手册式、融媒体教材"①。

相比职业教育的传统教育属性，远程开放教育在教育内容上具有职业特征，在教育手段上是一种基于网络且能够实现"人人、时时、处处"学习的新型教育形式。远程教育领域，时空相对分离的教学形式使传统纸质教材与其教学模式之间矛盾更加突出，迫切需要对现有纸质教材进行根本性变革。活页教材具有灵活多样的使用方式，可以在远程开放教育教学中具有更大的发挥空间，实现在传统教学形式之外的新价值。

3.2.2 活页教材发展的几个阶段

1. 初级阶段：教材的活页

一直以来，课程纸质教材都是经过装订后供学习者使用。后来，为了学习者使用教材更加方便，便在固定化的教材中，有针对性地进行了活页设计，学生可以将其从正本教材中取下来，如学生的笔记部分、重难点的讲解部分、课程实训材料等。再到后来，还可以将部分补充内容以活页的形式加入原教材中。总之，这都是对于原教材的部分活页化，其初衷都是为了在不改变原有教材架构的基础上，在内容上做到一定的灵活变化。纸质教材的部分活页本质上没有改变传统纸质教材的基本面貌。

2. 当前阶段：教材活页化

伴随着职业教育的发展，活页教材迎来了发展阶段，不再仅仅局限于局部的活页化，而是从整体上对于教材进行活页化设计。目前在职业教育中使用的活页教材即为此种形式。基本的做法是以工作任务为单元，对原有固定化内容进行模块化设计，从而实现"活"、"新"、"动"和"立"四个方面的特征。

---

① 2020年9月，教育部等九部门联合印发的《职业教育提质培优行动计划（2020—2023年）》.

首先是"活",与传统纸质教材的"固态"相比,形式灵活是活页式教材最直接和最显著的特点。活页式教材的纸页是分开的,教材各部分活页可以随意进行抽取和调换,通过教材活页的灵活"拆—装"重组实现教材应用的多样化。此外,一本教材可以实现多人共同使用,提高了教材的使用效果。其次是"新",即形式新颖。相对于传统的纸质教材,活页式教材从外观形式上给人以耳目一新的感觉。活页教材还以单个任务为教学单元,以新的形式将任务贯穿始终,以实践和应用不断强化理论知识的理解和基础知识的融会贯通,最终让学生通过任务学习,不断加强教材的质量改进与学生综合实践能力的提升。总的来说,以学生实践能力培养为中心的目标驱动教学形式在不断新颖化。再次是"动"。相对于传统纸质教材的"静态"特征,活页教材具有"动"的特点。使用者可以根据使用需要,选择当次使用的部分进行携带,从而提高了教材的移动性和便携性。最后是"立"。主要是学习资源呈现方式立体化,活页教材可以将多种类型的学习资源进行融合,尤其是将数字化的学习资源嵌入不同活页中,从而形式一本立体化的教材。

现阶段的活页教材主要是基于传统教学形式的教材改革,仅仅做到了教材的活页化,未能从使用功能上做进一步改进以适应基于网络的新型教学模式。在网络教学模式下,活页教材还有更大的改进空间。

3.高级阶段:活页化教材

在网络教育模式下,活页教材改革的目标是从教材的活页化转变为适应网络学习环境的活页化教材。相比教材的活页化,活页化教材表现出以下特点。

(1)突出个性化学习

目前教学形态呈现标准化特征,个性化教学是各种教育形式未来追求的目标。活页教材应该逐步适应并助力教学过程由标准化向个性化转变,提升学习内容、学习路径的可选择性,实现由"教材"向"学材"的转变。在网络学习的环境下,学习者学习的自由度显著提升,可以在指导教师的建议下根据自己的知识背景、学习能力、学习目标,进行个性化的设计教材的内容和形式。这一转变,从根本上改变了传统教育以教师为中心的模式,从而增加学习者在整个教学过程的话语权和选择性,实现以学习者为中心的改革目标。

相比其他类型的学生,成人学习者有更明确的职业规划和更直接的实践技能提升的需求。新型活页式教材强调工作手册式形式,与工作实践紧密结合,真正实现教学与实践的高度统一。作为成人在职学习,远程学习者学习来源一方面来自学校课堂学习,另一方面来自工作实践环境。学习者通常只有将这两者结合在一起，才能真正学以致用。因此，学习者，可以结合自己所在企业的行业特征、工作要求，对教材内容进行一定的补充和调整，最终形成一本完善的工作手册，方便自身的工作需求，最终实现"教材—学材—工作手册"的转变。

（2）满足立体化学习的需要

在数字化学习时代，学生的学习方式和学习资源更趋于多样化。纸质教材作为学生学习过程中的重要学习资源，尤其要重视其他学习资源的相互融合，有效整合形成实现资源"立体"化。在教学资源的建设中，不论是纸质的教材还是其他数字化的资源，都要服务于课程的整体建设目标，每一种资源根据自身的特点，发挥出自身应有的作用。实际上，每一种学习资源都是学习者可供选择的学习方式，都是通向学习目的地的一个"入口"。各种学习资源既要做到自身学习路径的通畅，同时还要实现不同学习资源之间的互联互通，即要能做到通过每一种学习资源，都能跳转到其他学习资源中。如果纸质教材不能实现与其他资源的互通互联，纸质教材必将被数字化学习时代所淘汰。

活页教材的立体性不仅体现在学习资源的立体化设计，还反映在立体化的学习支持服务中。数字化时代的教材像一个集成的、个性化的大数据库，动态记录学习者学习的全过程，能够精准分析学习者的特点、学习内容的掌握情况、基于学习内容的创新情况，并对学生进行多种形式的可视化评价，满足学生个性化学习的需要，实现由面向群体的总体供给到面向个人的针对性服务的转变。

（3）满足动态化教学的需要

随着社会经济的快速发展，对知识和能力的更新速度大大加快。传统教学模式的教材开发过程是以教学目标为逻辑起点，通过对社会需求的分析形成教学目标，基于教学目标形成课程大纲内容，依据课程大纲开发教材，不同的教师和学生使用教材完成教学或学习过程（图3.1）。一旦出现教学内容与社会需求不一致的地方，再从修改教学目标开始，周而复始地重复同一个开发过程。教材的这种开发模式是一个单项的过程，开发周期较长，根据实际需求进行调整的能力相对较低。

在新型的教学模式下，需要大大提升教材更新的速度以适应社会发展对人才的需求。教材开发要从传统的、单项的、固定化的开发模式转变为双向的、动态的开发模式。新型的开发模式以学习目标为逻辑起点，从学习目标—课程—教材—学习过程，是一个双向互动的过程（图3.2）。教师在进行课程教学的过程中，能够根据社会需求的变化，及时调整教学目标，同步完成教学大纲的修订，通过课程模块的重新组合，第一时间完成课程教材的建设。活页教材给授课教师一定程度的调整空间，教师可以删减或者补充相应内容，使教学从"有什么讲什么"转变为"用什么讲什么"。在数字化时代，教材不仅是知识传播的重要载体，更是知识创造的重要撬点。教材建设要在知识传播与知识创造之间寻找到平衡点和过渡点，既能满足知识传播的需要，又能发展师生在教学中的创造性[①]。在数字化时代，知识的不确定性、开放性和高迭代性，突破了教师知识垄断的局面，师生均成为知识的生成者、传播者和学习者，这就要求教材内容要有足够的开放性、创生性、动态性、共享性和精准性，将教材这一"知识蓄电池"变成师生共同学习的"知识发电站"。

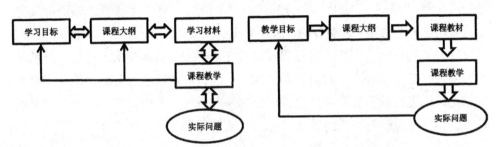

图 3.1　传统教学模式的教材开发　　　图 3.2　新型教学模式的教材开发

（4）多样化设计

所谓的多样性，就是给教材的使用者更多的选择空间。例如，从教材使用形式上，学习者可以根据使用环境和学习要求的不同，自主选择是通过纸质方式进行阅读，还是通过电子形式进行阅读；从教学过程中，可以通过不同模块的顺序调整，为教师和学生提供多路径的使用方式。目前的活页教材，由于按照传统方式编排，无论使用形式还是教学功能都相对固定且单一，不能满足师生个性化的需求，更不能发挥活页教材多重功能的真正价值。

此外，在保持多样化的同时，还要确保不同学习资源之间可以实现互联互通，方便学习者在不同学习环境下进行学习的要求。所谓互联互通，原意是指电信网之间的物理连接，以使一个电信运营企业的用户能够与另一个电信运营企业的用户相互通信，或者能够享用另一个电信运营企业提供的各种电信业务。教学资源要实现互联互通，就是要发挥不同学习资源的特点，要做到学生

---

① 杨英.数字化时代教材建设的现实困境与路径反思［J］.教育科学论坛.2022（11）：34-37.

根据自身需要，在不同学习资源之间的灵活切换和自由选择，真正实现无障碍学习的目标，并最终实现由互联网学习方式向物联网学习方式转变。同时，还可以帮助纸质教材由静态的学习资源转向动态的学习空间。

（5）交互性设计

基于网络的远程开放学习与传统教学模式的显著不同在于实现交互的方式不同。传统教学模式是在相对封闭的教室课堂完成的，在固定的空间中，师生可以面对面完成直接交流和互动，互动的方式和范围都局限于面授课堂中。远程开放教育的互动方式主要是通过教学资源和教学活动的设计，完成学习者与学习者之间的交互活动、学习者与教师的互动以及学习者与学习资源之间的互动。可以说，远程开放教育中，对于教材的互动性要求会更高，教材不再是物理意义上的"课本"，更是一种方法、模式和环境，是一个从静态知识的资源形态向动态教学交互功能跨越的开放性和交互性系统[①]。传统的纸质教材，限制了互动交流的空间，不能适应远程开放教育对于交互性的要求。通过提升教材的交互性，进一步提高了教材使用者的参与度，对塑造学习者的价值观有很大的帮助。因此，活页教材的改革，应该加强教材的交互性设计，除内容的交互性外，更要通过教材背后的教学平台，实现更大范围的交流互动。

3.2.3 活页教材开发的主要思路

1. 设计层面

活页教材的设计尤为重要，直接决定后续开发和应用的效果。在设计过程中，要注意从横向和纵向两个维度进行统筹考虑（图3.3）。

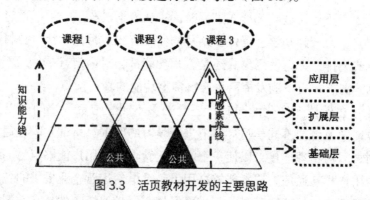

图 3.3　活页教材开发的主要思路

---

① 谢林见. 教育内容数字化、工具通用化以及教材平台化 [J]. 教育理论与实践, 2017, 37（32）: 39–41.

（1）从横向维度上看，基于整个学科，进行基础层级的整体性设计

现阶段教材基本以课程为单位构造课程体系，不同课程之间内容上会有一定交叉或重合，不仅增加了教材开发成本还加大了学习者的学习负担。为了更加科学有效地进行教材的开发，需要基于整个学科进行统筹设计和开发。对于交叉或重合的内容，可以作为基础性知识模块提供给相关课程共同使用，从而可以将开发重点放在与本课程有关的核心内容上。为了保证相互之间可以利用，要至少在一个学科范围内，做到基础性模块的标准化设计，包括模块形式的标准化和内容叙述逻辑的标准化。基于这样的设计，在开发教材过程中，所选用模块之间可以进行无缝衔接。例如税收基础模块内容，是税收基础、纳税实务、国家税收、税务会计、税收筹划等课程的基础内容，因此，这些课程在开发过程中，可以在模块素材库中，直接引用税收基础模块，避免了重复建设，提高了资源利用效率。

（2）从纵向维度上看，基于同一门课程，进行不同层级的一体化设计

从最终用户使用者的角度，一门完整的课程内容由基础层、扩展层和应用层三部分模块内容构成。虽然三部分内容由不同角色的编写者完成，但是为了课程的完整性和一致性，不同层级的内容要进行一体化设计。尤其是在进行基础层级的设计时，要为整个课程的目标和价值取向定下基调，为整个课程建立体系框架。未来扩展层和应用层内容，都在这个框架基础上进行扩充。活页教材的分层级设计与开发，能够最大限度地兼顾教材建设中的统一性和多样性的关系，既保障了教材建设的质量，又提升了教材的使用灵活性。

活页教材不同层级的一体化设计，还和国家开放大学分层级办学模式密不可分。国家开放大学体系内，从总部—分部—学院—学习中心，赋予了不同层级相应的权利和义务，这个过程体现了从一般到具体、从基础到应用、从共性到个性的过程。但是从现阶段国家开放大学总部负责的教材开发来看，没有考虑到内容的层级性，尤其是没有给具体的教材层级以发挥的空间，即总部开发教材时试图囊括了其他层级的内容空间，从而导致实际教学过程中，教材形式和实际教学需要存在比较大的矛盾。因此，需要国家开放大学总部建设教材时，立足基础层，给具体教学单位和学习者在使用教材中留下空间。只有做到"守位而不越位"，才能让基层组织"有位而有为"，同时还能降低自身的开发成本。

要实现活页教材不同层级的一体化设计，需要紧紧抓住两条线，一条是"知识能力线"，另一条是"情感素养线"。通过这两条线将不同层级紧紧连接

在一起。在"知识能力线"上，基础层主要围绕基础性知识、扩展层围绕补充性知识、应用层围绕应用性知识，三个层次是从一般到具体，从通识到应用的过程；在"情感素养线"上，紧紧围绕"法治""诚信""风险""社会责任""社会制度自豪感和成就感"五个思政元素进行不同层级的内容设计。基础层主要侧重情感素养点的引出，扩展层通过案例进行具体的呈现，应用层通过学习者的参与，真正实现学习者情感素养的形成。两条线既相互独立又相互交叉融合，目的是要将思政元素和课程内容巧妙地结合起来，做到"内化于心，外化于行"，达到"如盐入水，润物细无声"的效果。

2. 开发层面

活页教材应该秉持开放性的开发理念，要积极吸纳各种力量参与到教材的建设中，形成教材建设的共同体。对于教材的开发层面来说，需要根据"基础层—扩展层—应用层"的设计要求，综合考虑任务类型、教材性质和开发要求，由不同的建设者来完成（表 3.1）。

表 3.1　教材开发层面特征

	开发者	任务类型	教材性质	开发要求
应用层	学习者	工作任务	学材	实践性
扩展层	授课教师	学习任务	讲义	实用性、针对性、时效性
基础层	主编	教学任务	教材	统一性、标准化

（1）基础层内容，强调知识的统一性和标准化，是教材内容的核心和灵魂，要由相应知识模块的主编统一编写和开发，除知识性内容外，还要对该模块的教学提出质量标准，最终保证基础层内容的严谨性、科学性、思想性，确保该模块的最低教学质量。这部分内容通常根据教学任务进行模块化编写，按照传统教材的编写和出版流程，经由出版社正式编辑出版，具有知识产权。教材开发单位要负责建立"教材资源素材库"，内容包括基础层的各个单元模块所对应的全部数字化素材，形式包括电子讲义模板、音频、视频和电子文档等。教材的使用者可以调取基础层的各类资源，作为后续开发其他相关教材的基础。

（2）扩展层内容，强调内容的适用性，主要由授课教师根据授课目标要求，在基础层内容基础上进行补充编写。该部分内容包括对基础层的解释性内容、根据教学要求进行补充性内容、知识的更新性内容和针对实践教学的应用性内容。编写过程中，要将"教学任务"转变为适合学生学习的"学习任务"。

职业教育的重要特点是"从实践中来，到实践中去"，即以实际岗位需求为出发点设计教学内容，尤其是要通过与产业的紧密结合，进行有针对性的教学，帮助学生在岗位中更好地解决问题。由于不同的行业、地区都有一定的差异，所以基于基础层的通用内容很难满足各个地区、行业的需求。授课教师可以根据行业特色、区域特色以及人才培养的特殊需求进行二次加工，保证教材更具有实用性、针对性和时效性。增加了扩展层内容后，此时的教材逐步转变为适合教师授课的"讲义"。扩展层背后是教师教学交流互动平台，授课教师将针对基础层扩展补充的内容上传到云平台进行保留并方便与其他教师进行相关交流。

（3）应用层的内容，强调内容的应用性，主要由使用该教材的学习者根据使用要求自我补充填写，最终将学习任务转变为工作任务。现有各种形式的教材，都没有摆脱以教师为中心的知识单向传输模式。教材的作用仍然是教师向学生传输知识的媒介。在提倡以学习者为中心的教育理念下，学习者不仅是知识的获得者，同时是知识的创造者和学习过程的融入者。远程开放教育学习者"在学中做，在做中学"，深入与产业相结合，能够最直接和及时感受到产业的变革。但是，如果学习者自身的工作经验不能很好地融入课程资源中，只能扮演被动学习的角色，那么势必会降低学习的主动性。从这一点来讲，目前的纸质教材没有做出根本性的变革。开放教育学习者既是教材的使用者，同时还是教材的评价者和建设者，可以将自身在工作中的实际需求反映到教材的开发过程，将自身在工作中的实际经验体现在教材的内容中，使活页教材真正能够充分反映产业最新发展进程。应用层背后是学习讨论云平台，学习者可以将自己的学习心得、学习笔记等上传至平台并与其他学习者进行相互交流。

经过三个层级的教材开发，使教材经历了从"教材"到"讲义"再到"学材"的过程，以及从"教学任务"到"学习任务"最后到"工作任务"的转变。三个层次背后都要有云平台进行数据支撑，从而将纸质教材与网络平台进行连接，并成为网络平台的纸质终端。此外，三个层级对应的云平台数据和信息是可以共享的，例如，学生讨论云平台的信息可以传导到教师交流互动平台，供教师掌握学生的学习动态和学习需求；教师交流互动平台中关于教材使用效果的评价可以传导到教材资源素材库，为教材基础性开发工作提供依据。

3. 应用层面

活页教材的"活"，不仅体现在教材的形式上，更要在应用层面实现更多的功能。不仅在教学环境下发挥作用，在学习者的工作环境下也能实现价值。

（1）教学环境："一课多本"

传统的、固定式的纸质教材，使授课教师和学习者都只能被动地按照教材的章节顺序进行教学和学习，教师和学生在个性化教学过程中受到很大的限制。在目前开放式的教学环境下，由于不同地区、不同学习者的背景差异较大，需要教师根据学生的特点进行有针对性的个性化教学。活页教材应充分发挥其灵活性的特点，给教师个性化教学以充分的空间。未来在实际教学过程中，教师可以根据教学的实际需要选择对应模块的内容，也可以对不同模块进行不同教学路径的设计，从而实现多样化和个性化的教学需要。既保持教材的通用性，同时兼具教材的灵活性和适用性，因而教材的应用价值更高，最终实现"一课多本"的目标。

（2）工作环境：工作手册

活页教材需要与学习者的工作紧密结合，突出职业导向，提高教材的有用性。目前的活页教材普遍基于工作任务进行模块化设计，但是工作任务往往与学习任务同质化，大大降低了教材的应用价值。造成这种情况的主要原因在于教材内容主要是基于教学需求导向而非实际工作需求导向。改进后的活页教材，由于学习者加入教材的建设中，可以将工作问题和工作经验融入教材的内容中，最终将活页教材改造成能够指导和解决实际工作的"工作手册"。不仅大大拓展了活页教材的应用空间，还延长了活页教材的使用寿命，成为学习者终身学习的重要资源。

3.2.4《纳税实务》课程活页教材设计与开发

1. 教材开发分析

（1）课程教学分析

纳税实务是国家开放大学会计学本科（高起本）和大数据与会计专科专业的一门统设必修课，是为会计学专业学生掌握纳税基本理论知识和应用能力而设置的一门专业课程。通过本课程的学习，使学生掌握税务登记，纳税申报与税款缴纳，流转税及相关税费的申报与缴纳，所得税的申报与缴纳。通过课程学习，树立依法纳税的价值观。

通过对学习者特征分析，发现 30 岁以下的学生占比为 85%，学生普遍年龄较低。超过 90% 的学生处于在职学习，工学矛盾较为突出。90% 的学生平均每天的学习时间不超过 1 小时，每周累计学习时间不超过 10 小时。学生学习以碎片化学习为主，单次学习时长为 15 分钟。学生的学习目的性相对较强，有较为具体的职业发展目标，但是对自身的学习规划相对不清晰，对职业发展所具备的技能和能力认识不全面。从思想状况上看，大部分学生能遵纪守法，熟悉社会主义核心价值观的内容，具备爱国情怀，基本能做到诚实守信，依法纳税。但在现实利益和职业操守出现冲突时，思想容易动摇，意志不坚定。

针对以上特点，可以分析出学习者的需求，教学媒体的设计与制作应充分体现成人学习的特点，要便于自主学习。针对基础知识较差的学员，媒体应加强文字教材基础理论辅助学习的作用，运用多种形象化教学手段如视频教材、微课、网络课程等，帮助他们提高学习效果。

（2）教材使用分析

第一，已有教材的缺陷。

现有的教材基本上都是以固定式的纸质教材为主，同时有少量的活页教材形式出现。从内容安排上，基本都是按照各个税种的形式进行讲授，和实际的工作业务流程有一定的差异。从媒体资源的形式，现有的教材开始尝试加入二维码，拓展知识内容的形式，但是不同形式媒体资源之间，缺乏必要的互联互通。此外，现有教材由出版社一次开发完成并进行出版，教材的主要使用者为国家开放大学办学体系内的师生。由于国家开放大学办学体系庞大，不同区域的教学单位对于教学条件、教学内容都有一定的差异性。尤其是对于财税法规中的地方性政策，各地有着明显的不同，需要授课教师对最初版本的教材进行补充和调整。考虑

图3.4 纳税实务活页教材的外观形式

各个行业的特殊性，学生也需要根据自己所处行业，对教材内容进行补充。

第二，活页教材预计达到的目标。

按照"工作任务引领、实操训练驱动、工作案例为导向"的思路进行教材设计与开发，以企业纳税岗位（群）"任职要求、职业标准、工作过程"作为教材主体内容，突出"依法纳税、合理筹划"的职业道德和"纳税有责、申报尽责，资料负责"的工作作风等核心素养培养，提供多类型立体化资源和配套的在线开放课程资源，实现教材的跨界融合。

2. 新型活页教材的设计思路

（1）内容设计：采用"横向一条工作流程线，纵向一条纳税实务知识线"的思路进行设计。

按照课程教学大纲，围绕基础层进行教材内容开发，突出知识内容的基础性和通用性，构建教材的基础性内容体系框架（图 3.5）。

	纳税准备	成立阶段	资产取得阶段	生产运营阶段	销售及资产处置阶段	经营成果阶段	期末纳税阶段
税收基础知识	认识税收与税法	增值税和所得税基础知识	增值税进项税额	个人所得税认知	增值税销项税额	企业所得税征收方式和优惠政策	增值税税收减免、抵减和应纳税额
税务会计核算		开办费的涉税处理	资产取得涉税会计处理	生产成本和人力资源费用涉税会计处理	不同计税方式下销售业务处理	企业所得税计提、预缴和汇算清缴的会计处理	期末涉税会计处理
纳税实务操作	税收征管、纳税基本程序	税务登记、纳税身份登记、申领发票	增值税发票审核与认证、本期进项税额明细表填写	个人所得税纳税申报	开具发票、销售阶段增值税纳税申报	企业所得税预缴和年度纳税申报	期末增值税纳税申报
涉税风险防范	税务稽查	成立阶段涉税风险识别	资产取得阶段涉税风险识别		销售阶段涉税风险识别		

（纵向：纳税实务知识线　横向：企业实务工作流程线）

图 3.5　纳税实务知识模块设计

第一，"横向一条工作流程线"是指以企业经营过程中的各个环节为模块进行组织，分成 7 个模块，具体包括"纳税准备—成立阶段—资产取得阶段—生产运营阶段—销售及资产处置阶段—经营成果阶段—期末纳税阶段"

第二，"纵向一条纳税实务知识线"是指把税收基础知识、税务会计核算和纳税操作实务等知识，凝练出 72 个教学任务，把不同的教学任务穿插融合到各个实践环节中内化吸收，实现"学习＋实战"的一体化学习方式。例如，将增值税税法的知识分别融入不同的经营环节，其中资产取得阶段融入增值税进项税额的知识，销售及资产处置阶段融入增值税销项税额的内容，期末纳税阶段融入增值税应纳税额的知识内容。

（2）功能设计

纳税实务活页教材，依托网络课程平台，实现活页教材的数字化、分层性、互动性和体系化等功能。

第一，数字化方面，纸质教材所有内容均以模块化形式在网络课程中呈现，模块设计与纸质活页教材保持一致，学习者可以将纸质教材和网络课程之间无缝隙转化。下一步，还要开发不同使用情境下的课程呈现方式，方便学习者根据所处的学习环境，选择合适的风格内容版式。例如，基于深度学习的详细版和基于快速学习的简约版等。此外，教学平台还有学习行为分析的功能，学习者不论在纸质教材的学习行为还是网络课程中的学习行为，都会被平台所记录并进行相关分析，提供学习建议。

第二，分层性方面，课程教学平台分为基础层、扩展层和应用层三个层级，课程使用者根据角色不同进入不同的学习空间。例如，国家开放大学的课程主持教师作为课程负责人进行基础层的开发，开发内容包括内容体系设计、教学活动设计、资源更新等。授课教师负责补充层的内容开发，根据教授班级学习者的教学需要，在基础层内容的基础上进行补充，以及进行学习活动的设计。课程学习者在个人学习空间中进行应用层的开发，根据个人需要，在基础层和补充层的基础上，结合工作需要进行内容的补充。

第三，互动性方面，活页教材依托网络课程实现两个维度的互动。首先是不同层级的互动，其次是本层级内部的互动。

（3）价值设计

活页教材在一体化设计时，还要将立德树人融入教育教学全过程，以"润物细无声"的方式发挥好活页教材的思政育人功能。好的教材要由专业内容和课程思政两部分有机结合组成，课程思政内容是一本教材的"灵魂"，专业知识内容是教材的躯干。教材编写过程中，不仅要关注知识框架结构，还要主动挖掘梳理专业课程中蕴含的思政元素，在教材主体内容、阅读材料、习题练习等环节，将提炼出的思政元素根植其中。此外，有关职业观念、职业道德和职业素养的内容也需要融入活页教材中，做到既有针对性又有逻辑性，保证活页教材内容体系集知识、技能、思政于一体，实现职业教育教材的"三全育人"。

3. 活页教材的内容呈现

（1）基于任务的学习单元设计

按照"模块—项目—任务"的设计思路，将课程学习内容逐步变为学习者的学习任务，使学习者学习的目标更加明确。

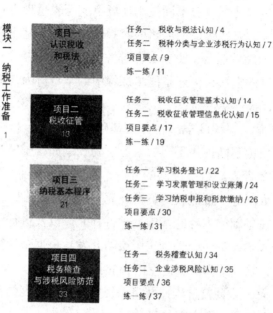

图 3.6 纳税实务目录

每一学习任务，都有清晰的任务描述，让学习者的学习目标更加清晰和具体。

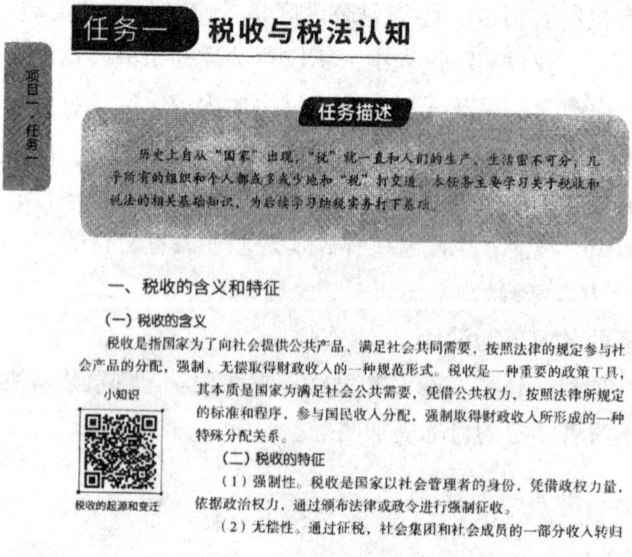

任务一 税收与税法认知

项目一·任务一

任务描述

历史上自从"国家"出现，"税"就一直和人们的生产、生活密不可分，几乎所有的组织和个人都成为地和"税"打交道。本任务主要学习关于税收和税法的相关基础知识，为后续学习纳税实务打下基础。

一、税收的含义和特征

（一）税收的含义

税收是指国家为了向社会提供公共产品、满足社会共同需要，按照法律的规定参与社会产品的分配，强制、无偿取得财政收入的一种规范形式。税收是一种重要的政策工具，其本质是国家为满足社会公共需要，凭借公共权力，按照法律所规定的标准和程序，参与国民收入分配，强制取得财政收入所形成的一种特殊分配关系。

小知识

[二维码] 税收的起源和变迁

（二）税收的特征

（1）强制性。税收是国家以社会管理者的身份，凭借政权力量，依据政治权力，通过颁布法律或政令进行强制征收。

（2）无偿性。通过征税，社会集团和社会成员的一部分收入转归

图 3.7 纳税实务任务形式展示

（2）提供知识导图，使学习者的学习路径更加清晰

◉ **知识导图**

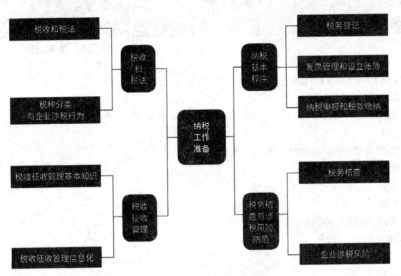

图3.8　纳税实务知识导

（3）每个模块的学前和学后，都会安排学习测评，使学习者对于效果有准确认知

学前测评，如图3.9所示。

测评内容包括知识、能力和素养三个方面，同时学前测评和学后测评的测评角度略有不同，前者更加侧重感知能力，后者侧重认知能力。

模块学前测评

在学习本模块各项目之前，为了更好地了解当前自己对本模块所涉及知识的掌握情况，您可以扫描二维码完成"模块学前测评"，获得反映自己现有的知识、能力、素养水平状况的测评结果雷达图。

知识

1【判断】税目是税收法律制度中的"核心要素"，也是衡量税负轻重的重要标志。

● 正确

● 错误

2【判断】增值税按照征税对象的性质划分，属于一种财产行为税。

● 正确

● 错误

3【判断】我国企业办税人员必须到办税大厅才能办理涉税业务。

● 正确

● 错误

共9道题，其中正确3道题，错误6道题

知识

1、✗ 2、✗ 3、✔

能力

4、✗ 5、✔ 6、✗

素养

7、✔ 8、✗ 9、✗

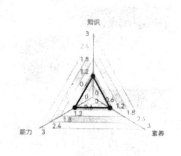

查看答案

← 上一题   下一题 →

图 3.9　学前测评

学后测评，如图 3.10 所示。

模块学后测评

您可以扫描二维码完成"模块学后测评"，获得反映自己当前的知识、能力、素养水平状况的测评结果雷达图，与"模块学前测评"对比，更好地了解本模块各项目学习后的收获。

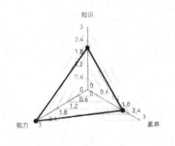

图 3.10　学后测评

（4）合理融入思政元素，突出对于学习者价值情感的培养

在每个模块开始，通过"立德铸魂"栏目，进行对本部分内容社会价值观的培养，如图 3.11 所示。

立德铸魂

税收是财政制度的基本组成部分，在国家治理中起到基础性、支柱性、保障性作用，对推动国家治理体系和治理能力现代化至关重要。

税收也是经济运行的"晴雨表"，是国家财政收入的基本来源和重要保障，是政府执行经济社会政策的主要手段。在纳税实务工作中，我们要牢固树立税收法治观念，懂得运用法治思维和法治方式解决岗位实际问题，维护自身权利，服务纳税企业发展，不触碰税收底线、法律红线。在纳税工作岗位上做到知法、懂法、守法，树立依法纳税、诚信纳税观念，坚决同偷税、逃税、骗税等违法行为作斗争。

图 3.11　合理融入思政元素——"立德铸魂"栏目

同时，在每个项目的目标中，要突出"素养目标"，如图 3.12 所示。

项目一
▼
认识税收和税法

◉ 学习目标

知识目标	技能目标	素养目标
了解税收的起源和变迁；掌握税收和税法的含义、特征。	掌握税法要素的运用；能对纳税种类进行分类，并判断企业涉税行为与对应的应纳税种。	形成正确的税收历史观、国家观；理解"依法纳税"是每个公民应尽的义务。

图 3.12　突出"素养目标"

（5）通过大量表格化设计，使教学内容更加精练（图 3.13）

图 3.13　纳税实务设计

（6）纸质教材与综合实践平台相连接，增强课程内容的实践性（图 3.14）

【实操演示 1-2-1】电子税务局的登录方式和功能模块

　　实操任务描述：电子税务局是纳税人网上办税的最主要的途径，图 1-2-1 是北京市电子税务局的登录页面，本实操任务主要演示电子税务局的登录方式，介绍电子税务局的主要功能模块。扫描二维码，了解详细内容。

图 1-2-1　北京市电子税务局的登录页面

图 3.14　实操演示

4. 活页教材的使用功能和效果

（1）为教师提供了多种教学路径

本教材以"任务"为最小学习单元，通过活页化分拆组合，教师和学生可以实现多种教学路径和使用功能。

第一，根据不同的教学目标和教学对象，教师可以重新安排教学的次序，实现多种教学路径。

教学路径一：按照本教材目录中的模块顺序进行教学，即按照企业经营的各个阶段，分阶段教学。适用于教学课时充裕、学生对纳税工作了解较少的授课班级。在使用过程中，可以按照每个模块进行分别组合，更便于携带。最终形成企业成立阶段纳税实务手册、资产取得阶段的纳税实务手册、生产运行阶段的纳税实务手册、销售及资产处置的纳税实务手册、经营成果阶段纳税实务手册、期末纳税实务手册。

教学路径二：按照先理论后实践的顺序进行教学，即先讲授税收基础知识，再讲授纳税实务处理。适用于教学课时充裕、学生对税收理论知识掌握较少的授课班级。在使用过程中，可以将各模块中的项目一"纳税基础知识"（红颜色的标签）分拆出来组合在一起使用；将各模块中的项目二"涉税会计处理"（绿颜色标签）分拆出来组合在一起使用；将各模块中的项目三"纳税实务处理"（蓝颜色标签）分拆出来组合在一起使用。最终形成税收基础知识手册、税务会计核算手册、纳税实务操作手册、企业涉税分析与防范手册。

教学路径三：按照税种进行教学，即按照每个税种进行教学安排。适用于全日制在校学生进行学习。在使用过程中，可以将增值税（标注★）、企业所得税（标注●）、个人所得税（标注◆）分拆出来组合在一起使用。

教学路径四：依据案例进行教学，即按照教材提供的完整案例进行每个工作任务的学习。适用于授课课时较少、主要针对课程实操的授课班级。在使用过程中，按照教材中【工作任务】的序号进行分拆组合，每个【工作任务】包括工作任务内容、税费计算、财务处理和纳税申报等内容。

此外，教师也可以根据学生的具体情况，基于教材提供的任务"点"，针对学生情况选择教材提供的教学路径"线"，最终实现人才培养能力"面"。在教学过程中，可以参考教材提供的课程思政素材，合理开展课程思政教学。

（2）学生在使用过程中，可以发挥教材不同的使用功能，实现"学—练—用"一体化。

功能一："学"，即作为一本知识手册。按照教师的教学安排对教材进行分拆组合。应用于自主学习环境下。

功能二："练"，即作为一本练习手册。将每个项目末的"练一练"内容分拆组合在一起作为习题册。应用于课下复习的环境下。

功能三："用"，即作为一本工作手册。将教材按照不同的颜色标记进行分拆组合，可以获得四本工作手册：税收基础手册、税务会计核算手册、纳税实操手册、涉税风险分析与防范手册。应用于工作环境中。

总之，活页式教材是传统纸质教材改革路上的重要尝试，是不是一次良好的体验还尚待观察。正如"实践是检验真理的唯一标准"，学习者的体验、教学效果的提升是检验教材改革的标准。与此同时，教材的改革是一个系统工程，不仅涉及设计和开发层面，还涉及出版行业的流程再造。例如在主编负责制的基础上，能够将扩展层和应用层的编写者的贡献也予以体现并给予利益回报。例如在教材发行过程中，要探索分级发行、分级配送的模式。

3.3 数字教材的设计与开发

在现代网络技术和富媒体技术的支撑下，"互联网+"背景下的数字教材具备有效整合教学工具软件、终端设备、数字平台等各种软硬件设施的功能，能满足随时、随地、随需的泛在学习需求和个性化学习需求。便携的移动终端，如电脑、智能手机、平板电脑等，能够存储和呈现所需的全部数字教材内容，方便学习者随时、随地、随需地进行学习。此外，功能完备的阅读工具还能实现对阅读环境的个性化设置，如屏幕亮度、字体大小等，以满足学习者不同的阅读偏好。

相比纸质教材，数字教材是呈现非线性、多媒体化，且具有较强的交互性和多样化的助学工具。在数字教材中，可以将学习内容利用图片、文字、音频、视频等多种媒体形式进行结构化处理，实现知识内容的图形化、数字化、立体化，帮助学生更好地理解和掌握知识。同时提供笔记、标注、书签等学习工具，便于学生随时随地进行移动学习，获得更好的学习体验。

目前关于数字教材的研究，主要从教材出版角度进行探讨，从重点文献的作者来源来看，主要来自出版传媒领域的从业者。实际上，教材、教法和教学是三位一体的关系，教材形式的变化是与媒介技术、教学模式共同推动的结果，判断教材质量的标准还是看其在教学中发挥的作用如何，是否有利于教学改革，是否有利于学习者的学习体验。如何设计开发数字教材，关键是要从教学模式和学习者学习需求出发，从数字教材的设计、开发和应用一体化进行考虑。

3.3.1 数字教材的内涵和发展历程

1. 数字教材的内涵

数字教材概念目前没有统一的界定，与其密切关联的概念有数字教科书、电子课本、电子教材等，在内涵上，它们似乎并没有明确的界限，且研究者们多从广义的角度去理解它们，或认为它们是电子书，或将它们看作教学材料，或把它们看成教学系统。

数字教材是纸质教材电子化和数字化的产物。当数字化成为基础环境，数字素养、技术素养、计算思维等伴随着数字化而来的软素养成为人们生存的必备素养后，人们的阅读方式与阅读思维或许将发生改变，可能会慢慢接受、习惯甚至依赖数字化方式[1]。

就知识的生产而言，知识最初总是产生于具体的情境之中，关涉情境中个体的体验与感受。检视纸本时代，知识寄居于纸张之上，知识的特性直接被纸张的物理特性所限制、形塑。受纸张限制，包含情境与体验的知识只能被扁平化、去情境化，以静态的物质性文字符号或图片的形态存在于教材之中，成为"去情景化、抽象的概念与实体"[2]。数字教材中，无论是知识呈现的具象化，还是借由数字技术对知识情境的复原，都使知识不再"扁平"地存在，而具有了某种立体的"空间"感[3]。

2. 数字教材的发展历程

（1）视听化的数字教材

20世纪五六十年代开始，幻灯片、投影、电视、广播、录音和录像等多媒体制作技术开始出现，并逐渐被引进教材领域，其中比较系统与完整的录音、录像教材被称为电子音像教材，也被叫作电教教材[4]。视听数字教材可分为

---

① 王润.数字教材与纸质教材关系演进：历程、逻辑与展望 [J].教育学报，2021，17（5）：111-122.

② 张良.从表征主义到生成主义——论课程知识观的重建 [J].中国教育科学，2019，2（1）：110-120.

③ 叶波，贺丽.数字教材的知识观念、形态及编制. [J].课程.教材.教法，2021，41（3）：38-44.

④ 陈桃，黄荣怀.中国基础教育电子教材发展战略研究报告 [M].北京：北京师范大学出版社，2013：27-29.

三类：视觉教材，如幻灯片、投影胶片。听觉教材，如录音磁带、唱片、广播等；视听教材，如电影、电视、激光视盘等。视听化的数字教材产生于我国大力推进电化教育的初期，其目的是克服文字教材的抽象缺点，在一定程度上弥补文字教材的缺陷，突出文字教材的重点，化解难点[①]。

视听化数字教材的优点在于直观性强，通过对学习者听觉和视觉的刺激进行信号传递。

（2）电子化的数字教材

2000年以后，随着移动电子设备和网络技术的不断发展，电子化的数字教材开始出现。电子化的数字教材主要是一种静态的数字资源形式，基本方式是将纸质教材的内容全部电子化，即采用图片或者 PDF 呈现纸质教材图文内容。这种类型的数字教材完全是纸质教材镜面化的技术性转化，是纸质教材的原版原式翻样。从学习空间角度，电子化的数字教材为学习者创建了二维学习空间。

电子化的数字教材最大的优点在于解决了移动学习的障碍，可以使学习者方便携带，尤其方便成人学习者利用碎片化的时间进行学习。同时，电子化的数字教材印刷、仓储、运输以及发行等环节的成本较低，降低了学习者的教材使用成本。但是，由于需要相应的移动电子设备，对阅读条件提出了一定的要求，在移动电子设备刚刚出现之际，这成为学习者一笔不小的支出。

相比视听化的数字教材，电子化的数字教材的另一个变化在于学习者参与式学习有了一定程度上的体现。通过笔记记录、批注、资源添加等功能，实现了学习者与教材内容之间的初步交互。电子化的数字教材仍然是一种单向的学习模式，学习者无法实现与学习内容之间的交互。

（3）立体化的数字教材

21世纪的第二个10年，是教育技术爆发式发展的时期，教育步入了信息化时代。从教材形态来看，数字教材开始与多媒体技术紧密融合，数字化特征在数字教材中开始显现[②]。相比电子化教材的静态特征，立体化数字教材在文字内容中融入了视频、动画、音频、文字、图片配套资源，用于解释教材中的难点内容，从而使知识内容呈现动态化和立体化。尤其是情景化设计方面，有了较大的突破，能够根据教材内容的不同性质，选择相对应的媒体呈现方式。从

---

① 陈达章. 中小学音像电子教材建设中的思考［J］.中国电化教育，2000（12）：40—42.

② 王润. 数字教材何以推动教学变革：逻辑与路径［J］.湖南师范大学教育科学学报2021，20（5）：44—51.

学习空间角度，立体化数字教材为学习者创建了三维学习空间。

同前几种数字教材一样，在交互式学习方面，立体化数字教材没有实质性的发展，但是由于学习媒介更为丰富，教材的趣味性和吸引力方面有了显著的提高。

（4）智能化的数字教材

随着数智化时代的到来，数字教材在 21 世纪第三个 10 年进入了智能化的发展阶段。智能化数字教材利用云计算、大数据、物联网、移动互联、VR/AR、人工智能等新技术覆盖现实中的环境，建构和模拟了一个虚实结合的学习场景。从学习空间角度，智能化数字教材为学习者创建了四维学习空间。智能化数字教材是在数字化学习环境下设计和开发的，与之前的数字教材在以下方面存在不同：

第一是关联性。传统的数字教材侧重是单机版的教材，智能化的数字教材能够实现与纸质教材和互联网教学平台以及其他学习资源的互联互通。

第二是交互性。智能化教材真正解决了学习者的交互性问题。由于实现了关联性，使数字教材的学习者的学习空间无限扩大，不仅可以实现人机交互，还能实现远程的交互。

由于实现了关联性和交互性，学习者的学习空间突破了原有的封闭式的物理空间，实现了网络空间的学习。

第三是个性化。智能化教材能够最大限度地实现学习者学习自由，尤其是能够实现个性化学习。学习者可以根据自身的学习偏好、学习环境设定数字教材的学习情境。

此外，智能化数字教材能够有效地对学习者的学习行为进行评价，通过学习者对于数字教材中相关内容的浏览时间、浏览时长、交互方式，以及试题的完成情况与结果呈现等，进行全面的过程性学习评价。

智能化数字教材的功能发生了显著变化，不仅是知识内容的载体，更是知识内容的通道和网络学习的端口。

表 3.2　数字教材不同发展阶段特征比较

发展阶段	年代	交互性	学习空间	个性化	学习评价
视听化	20 世纪 50—60 年代	无	二维空间	无	无
电子化	21 世纪第一个 10 年	无	二维空间	极少	无
立体化	21 世纪第二个 10 年	无	三维空间	部分	简单
智能化	21 世纪第三个 10 年	有	四维空间	充分	全方位

数字教材的发展经历了从视听化教材到智能化教材的过程，目前这四种形式的数字教材都存在于现阶段的课程教学中。评价四种形式的数字教材，不能仅从数字教材的功能角度，还要结合教学模式、教学环境以及教学成本和效益的多方面进行平衡，选择最为合适的数字教材形式。

数字教材的功能性服务在精而不在多，其建设需要重构教材的教学逻辑，即思考在教育信息化环境下，教学真正需要什么？否则只能是功能的堆砌。这样不仅难以产生预期的教学效果，反之，还会增加教学负担。另外，数字教材设计还应该考虑如何与数字教育资源平台、智慧学习系统等有效联结，以实现信息化环境下的数字教材与其他教育资源的融合应用，辅助教师创新课堂教学形式，从而提升课堂教学效果。

3. 数字教材开发的基本模式

（1）先纸后数：先编写纸质教材，根据纸质教材的内容开发建设数字教材

数字教材应以现行的纸质教科书内容为依托进行设计，遵循其内容的逻辑体系和学科特点，开发科学化、体系化、多样化的学习内容，这既实现了纸质教科书的发展，也保证了数字教材内容的思想性、科学性和教育性[①]。这种模式发挥了纸质教材出版过程严谨性高的优点，能够最大限度地保证教材内容的完整性和科学性。有了较高质量的纸质教材，才能够确保数字教材内容上的合理性和完整性。目前很多经典的纸质教材，都在努力尝试开发数字教材版本，以丰富原有的教材体系。

但是，这种开发模式，使数字教材仍然沿用原有纸质教材的思路和体系。实际上，纸质教材更适用于传统面授环境下的教学，数字教材更适合网络环境下的教学。两种教学模式下的学习思路和方法都不同，导致该种模式开发出来的纸质教材在实际的学习过程中显得比较生硬。可以说，这种模式的教材开发更应该称为"教材数字化"过程，并非严格意义的数字教材。

（2）以数代纸：不建设纸质教材，直接开发建设数字教材

随着数字程度的不断发展，越来越多的教材可以尝试不出版纸质教材，而是直接开发建设数字教材。这种模式适合于发行量较小且需要控制印刷成本的教材，知识更新较快的，以及一些新型学科需要形式化展示的教材。

相比其他两种形式，这种教材开发模式可以完全摆脱传统纸质教材开发模式的束缚，完全按照数字化教材的特征进行教材开发。可以说，这种模式的教

---

① 周启毅. 数字教材建设中的常见问题分析［J］. 出版广角，2021（21）：56-58.

材可以称为真正意义的数字化教材。

以上几种教材的开发模式各有利弊，教材建设者要根据自身建设的需要选择合理的数字教材开发模式。不论哪种开发建设模式，都要符合一些数字教材共有的特征。

（3）数纸融合：纸质教材和数字教材同时建设开发

数纸融合模式是在同一个教学目标和教学大纲的基础上，纸质教材和数字教材按照彼此的适用环境，在两者联系更为紧密的前提下，根据数字教材编写出版的需求和纸本教材编写出版的特点，两者同步设计、同步建设，经由线上课程平台建立起有机联系[①]。数纸融合模式是纸质教材与数字教材深度融合的模式，不仅需要对数字教材进行设计，还需要对纸质教材进行数字化改革，按照数字化学习的思维进行彼此的融合发展。

这种模式的优点是纸质教材和数字教材依据同一个内容结构进行建设，彼此可以相互配合，发挥各自优势，尤其在移动互联网、智能终端设备、云计算等技术背景下实现，进行课程内容、教学工具、网络平台与终端设备有机整合的系统性数字化操作，能有效发挥数字内容资源、教学工具软件、网络平台、终端设备等多层面、多维度的优势[②]。可以说，数纸融合的模式代表着教材改革的方向。

4. 数字教材开发的基本原则和思路

数字教材是适应数字学习时代的新型学习资源，相对于纸质教材，数字教材应该为学习者提供良好的"用户体验"。为了让学习者使用数字教材进行学习更加轻松、充实和自由，数字教材开发应坚持引导性、交互性和情境性原则（图3.15）。

图 3.15　数字教材开发原则

（1）引导性

引导性要分别从"引"和"导"两方面入手。首先，数字教材要有简洁方便的指引功能。数字教材为学习者提供了不同的学习路径，对于初学者而言，面对复杂的知识体系和内容结构，往往显得手足无

---

① 吴剑锋，方寅．"互联网+"背景下数字教材编写出版研究［J］．中国出版，2022（4）：42–46.

② 吴剑锋，方寅．"互联网+"背景下数字教材编写出版研究［J］．中国出版，2022（4）：42–46.

措和充满困惑。此时运用简单明晰的课程导航进行引导显得格外重要。数字教材可以通过导航条、知识地图等功能，实现学习者对学习内容的定位、在不同路径下的任意跳转。其次，要提升数字教材内容对学习者学习的指导功能。可以通过一些案例和学习活动，引导学习者进行思考和分析，提升学习的自主性。

（2）交互性

数字教材由视听化教材发展到智能化教材，显著的特征是数字教材的交互性大大提高。数字教材交互性包括功能交互性和内容交互性两方面。对于功能交互性而言，可以通过批注、讨论区、留言板等功能，为学习者与教材、学习者与教师以及学习者与学习者间相互沟通提供空间和通道。

对于内容交互性而言，可以通过讨论式的教学互动设计、互动性的问题、及时反馈式的测试等内容以及分享式的设计，不仅能够提高学习者的学习兴趣和学习参与度，还有利于学习者及时评估自我的学习状态。

（3）情境性

情境教学日益受到教育领域的重视，与之相近的还有"情感教学"和"情景教学"等，它们的共同之处是突出了一个"情"字。不论何种教育形式，无"情"的教育也是"无情"的教育，是枯燥乏味且不被学习者所接受的。纸质教材受纸张限制，包含情境与体验的知识只能被扁平化、去情境化，以静态的物质性文字符号或图片的形态存在于教材中，成为"去情景化、抽象的概念与实体"。数字教材与纸质教材的区别之一在于其知识内容更加显性，尤其是通过情景化的设计，能够突出知识内容的直观性表达。可以更多地摆脱纸质教材对情境化学习的限制，借助声像、图文以及媒体技术，教材内容的组织从相互独立、线性排列、标准统一逐步走向多元化、高度集成性、个性化、交互性、智能化，从而促使以情景为纽带的多感官深度参与的具身式认知发生。数字教材通过人机交互、虚拟现实、增强现实、仿生技术与传感器等数字技术突破了时空限制，生成了与现实世界在各方面高度近似的数字化环境，从而可以使学习者处于一种沉浸式学习的状态中。

3.3.2《财务报表分析》数字化教材设计与开发

1. 课程建设背景

（1）课程性质

财务报表分析是国家开放大学开放教育本科（专科起点）会计学专业的一门统设必修课，是为会计学专业学生掌握财务报表分析基本理论知识和应用能力而设置的一门专业课程。通过本课程的学习，使学生加深对财务报表的理解，掌握财务报表分析的方法，具备评价企业财务状况和经营成果的能力。

财务报表分析作为管理的分析工具可以广泛应用于财务管理、投资管理和企业管理，但本课程的重点是对学生分析能力进行培养，而非各项管理本身。

财务报表分析课程72学时，4学分，一学期开设，滚动播出。

（2）课程定位

本课程是会计学专业本科阶段一门综合性较强的专业课，其先修课程为中级财务会计、高级财务会计、成本会计、管理会计、财务管理、集团企业财务管理等。本课程以"已经编成的财务报表"为基础，围绕"财务报表的分析利用"展开。本课程不讲述报表的编制，以便和财务会计课程（包括中级财务会计和高级财务会计）分清界限；也不讲述财务报表以外的分析问题，以便和财务管理等其他课程分清界限。

（3）教学目标

通过运用多种教学媒体和形式组织教学，使学生能够掌握财务报表分析的基本方法，并能够运用这些方法对企业的财务报表进行分析。

财务报表分析课程数字教材基于数字教材的特性和功能进行开发设计，知识内容源于纸质教材同时对其内容和结构进行整合，通过教师讲解、图表等来丰富学习内容，力争整体学习路径清晰、内容丰富、使用便捷。在进行课程教材资源媒体设计时，引进了"全媒体教材资源设计"概念，目的是为学习者提供尽可能丰富、多样的学习资源，以满足学生多方面的、不同的需求。

2.课程设计构想

（1）教材建设目标

结合财务报表分析课程的特征，确定以下建设目标：

第一，在学习资源的内容上抓大放小，强化核心。

在传统的资源建设中，往往强调信息的全面性，大而全，面面俱到。在数字教材建设中，应转变观念，突出核心内容。也就是说，非核心内容可进行取舍。

第二，突出多种媒体"融合"。

数字教材是多种教学资源的优化组合，不同于纸质文字教材、录像教材等单一形式的教学资源，必须根据教学要求和不同媒体的特点进行一体化设计。在教学设计中，用不同的表现方式传达不同教学内容，使之有机结合达到更好的教学效果。

本课程的纸质教材以文字为主，字数达 40 万字，且理论性较强。因此，在数字教材的建设中，应对知识内容进行提炼和加工，综合运用图表、声像等多种媒体形式，尽可能使内容生动有趣、易学易懂。

第三，加强导学和助学功能。

数字教材主要用于学生自学，所以在设计过程中要注意导学和助学功能的设计，提供更多的学习建议、学习帮助，以便其顺利地完成知识内容的学习。为此，在数字教材中设计了章节导学、知识结构图、学习建议和必要的助学工具等，以优化移动学习体验。

第四，学练结合，即时反馈。

为了使学生在学习过程中，能够及时检测学习效果，纠正学习偏差，在每节学完后设置即时反馈型练习题。

（2）设计原则

根据《财务报表分析》课程性质、教学目标、学习者对象，并结合当前媒体发展特点，本教材在设计上突出以下几个特色：

第一，简洁、易懂。

注重教材页面设计的简单、实用，给学生提供最直观、最简明的信息。学习资源的形式要多样化，而且适合自学。内容要实用，以图和表的呈现方式，生动、形象，尽量增加趣味性与易读性。

第二，注重交互的实时性。

本教材拟在功能上实现教与学过程中的人机交互的实时性。一方面，阅读文本内容，可以时刻记录学习心得、做笔记以及记录重点，并标注位置、有定位功能，方便完成学习后复习及反复学习重点内容；另一方面，完成知识点学习后，提供自我测试，立即巩固所学知识。

第三，发挥移动学习的特色，模块化、碎片化。移动学习的特点是随时、随地，因此在内容设计上应尽量进行模块化、碎片化设计，知识点之间相对独立。

第四，注重媒体间的深度融合。文本、图形、音频、视频、图片等多种媒体充分结合，使教学内容更加丰富、易学。

3. 教材整体设计举例

（1）数字教材体例（图 3.16）

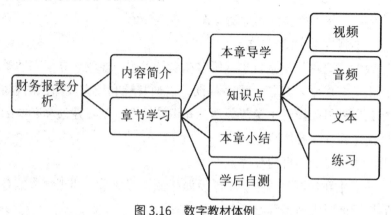

图 3.16　数字教材体例

（2）学习过程及内容设计

与网络课程不同，数字教材不需要提供特别完整的学习过程，但应能够提供掌握知识的必要的学习途径，做到"导→学→练"有机结合。

第一，导。

①内容简介。

介绍了本教材的学习内容、学习目标。同时为了让学习者在一个轻松和愉快的氛围中进行学习，减少理论知识的枯燥性，我们将课程内容情景化和故事化。通过唐僧师徒四人的投资理财故事，让学习者在不知不觉中对财务报表分析有了一个全面和系统的了解和掌握，如图 3.17 所示。

图 3.17　内容简介

②本章导学。

开篇采用问题启发式学习策略，通过人物对话形式抛出问题，以此激发学生积极思考。将学习目标与知识点、学习时间建议对应，帮助学习者第一时间明确学习收获、学习任务和需要付出的学习时间，如图 3.18—3.19 所示。

图 3.18　故事引入

图 3.19　知识点

第二，学。

基于 Pad 等移动终端的学习跟 PC 端的学习从设备容量、交互方式、学习环境上都有显著差异。在内容设计上要充分考虑和发挥终端的特性进行设计。

①微粒化。

移动终端容量小、屏幕尺寸小、以手触为主、学习环境不固定，因此在保证知识的完整性、系统性的基础上，要进行微粒化设计。

本数字教材在设计时尽量将知识提炼，浓缩整合成一个个相对独立的小知识点，以便于学习者用碎片化的时间进行学习，如图 3.20—3.21 所示。

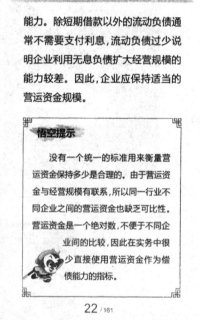

学习目标	对应知识点	建议学时（小时）
1.理解偿债能力的内涵	第一关：偿债能力	0.5
2.理解短期偿债能力的衡量方法	第二关：营运资本	0.5
	第三关：流动比率	1
	第四关：速动比率	1
	第五关：现金比率	0.5
3.应用短期偿债能力的分析方法	第六关：短期偿债能力的分析方法	1
4.利用资产负债表分析长期偿债能力的原理与应用	第七关：长期偿债能力分析	0.5
	第八关：资产负债率	1
	第九关：产权比率	0.5
	第十关：权益乘数	0.5
5.利用利润表分析长期偿债能力的原理与应用	第十一关：利息费用保障倍数	0.5
	第十二关：固定支出保障倍数	0.5
6.影响偿债能力的其他因素	第十三关：影响偿债能力的其他因素	0.5

图 3.20　第五章知识点划分　　　　图 3.21　知识学习页

②多媒体化。

与纸质教材相比，数字教材能较好地兼容视频、音频、图片等多种媒体，因此在知识内容呈现上，项目组运用媒体分析策略，选取多种媒体呈现知识内容。例如，每节均提供音频、视频、图文等多种学习资源，供学习者按需选取；对于流程、方法内容通过图式形象化解读。

A. 视频包括课程主讲教师的讲授和动画形式的微课。深入浅出、生动有趣，易于学生理解和掌握，如图 3.22 所示。

图 3.22　视频讲解图示

B. 通过图表形式直观呈现数据信息，如图 3.23 所示。

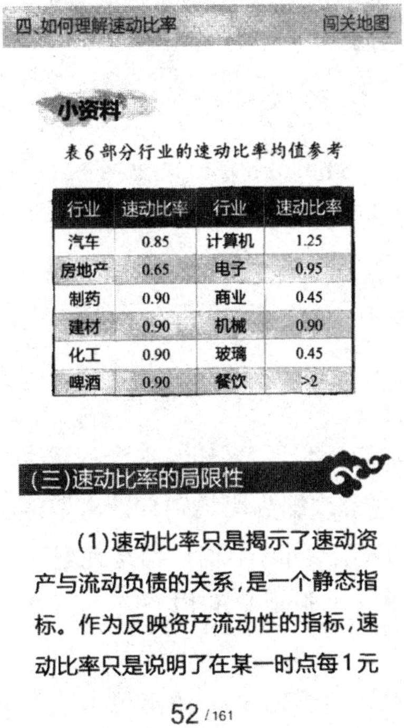

四、如何理解速动比率　　　　　　闯关地图

小资料

表6 部分行业的速动比率均值参考

行业	速动比率	行业	速动比率
汽车	0.85	计算机	1.25
房地产	0.65	电子	0.95
制药	0.90	商业	0.45
建材	0.90	机械	0.90
化工	0.90	玻璃	0.45
啤酒	0.90	餐饮	>2

（三）速动比率的局限性

（1）速动比率只是揭示了速动资产与流动负债的关系，是一个静态指标。作为反映资产流动性的指标，速动比率只是说明了在某一时点每1元

一、如何理解短期偿债能力　　　　闯关地图

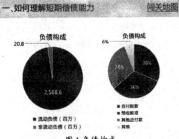

图4 负债构成

老板电器剔除预收款后的实际负债率水平仅为31.7%，远低于二线品牌华帝股份。

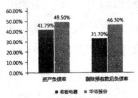

图5 两家公司负债率对比

图 3.23　通过图表形式呈现数据信息

C.通过案例解析概念、原理等，如图 3.24 所示。

<table>
<tr><td>一、如何理解短期偿债能力</td><td>闯关地图</td><td>三、如何理解流动比率</td><td>闯关地图</td></tr>
</table>

案例分析:老板电器

   1.总体情况:公司资产中以流动资产为主,占比83%,整体资产质量稳定。

   ——流动资产中拥有31亿现金,占比61%,公司会给代理商2个月的账期,应收款加上票据占比19%,另外库存增长与收入增长保持匹配,占比18%。

   ——非流动资产以固定资产为主,公司2015年转固新的油烟机生产线,后固定资产上升至8.5亿。

   由上表可见,可口可乐公司非常重视流动资产的结构,现金增长比例较大。应收账款、存货等偿债能力较弱的资产相对稳定,现金和短期投资占流动资产的比重持续提高。

   下表是我国国内的两家公司的流动比率变化表:

表4 国内的两家公司的流动比率变化表

	2005-12-31	2006-12-31	2007-12-31	2008-12-31	2009-12-31
格力电器	1.00	1.01	1.07	1.01	1.04
苏宁电器	1.25	1.46	1.19	1.38	1.46

   通过以上比较可以看出,对于正常企业而言,流动比率大于"1"还是

12/161   40/161

图 3.24　案例学习页

③趣味性。

为了使教材内容生动、有趣,增加学习者学习的兴趣,本课程数字教材内容采用故事情景化的编辑方式,即将全部内容改编为唐僧师徒四人取经后发生的一系列故事,这样可以使教材内容有效关联,同时生动且容易理解。

在每章学习均通过唐僧、八戒、沙僧向火眼金睛的悟空咨询财务问题开启,暗示即将学习内容能解决的实际问题。

在学习过程中,同样通过人物对话形式(图 3.25),抛出思考性问题。将提示性内容通过"悟空提示"(图 3.26)方式呈现。

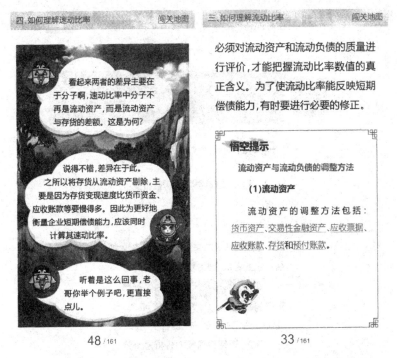

图 3.25　人物对话页　　　　　　　　图 3.26　悟空提示

同时，在每一个章节中，将全部知识点设置为闯关游戏学习，学生每闯过一个关口，才能进入下个一关口进行学习，具有一定的挑战性和趣味性，如图 3.27 所示。

图 3.27　闯关通过提示

④此外，教材中还具有批注、书签、搜索等多种助学工具（图3.28）。

第五单元 理解偿债能力的内涵

合同，供应商和消费者的利益将受到损害。

5. 对于员工而言

短期偿债能力关乎企业员工的权益。企业若缺乏短期偿债能力，其可能无法按期支付员工的薪资，情况严重者，甚至影响企业继续经营的能力，而企业员工则可能失去工作的机会。

总之，短期偿债能力分析是十分重要的。当一个企业丧失短期偿债能力时，它的持续经营能力将遭到质疑。

图 3.28　批注工具

第三，练。

小步调、即时反馈：学练结合有助于及时矫正学习偏差。与微粒化学习相对应，本数字教材的"练"也采用小步调的"边学边练"（图3.29）。在每节学习后，以选择、判断、拖拽题等客观题为主，作答后即时反馈正确与否。

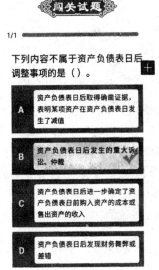

闯关试题

1/1

下列内容不属于资产负债表日后
调整事项的是（ ）。

A 资产负债表日后取得确凿证据，
表明某项资产在资产负债表日发
生了减值

B 资产负债表日后发生的重大诉
讼、仲裁 ✓

C 资产负债表日后进一步确定了资
产负债表日前购入资产的成本或
售出资产的收入

D 资产负债表日后发现财务舞弊或
差错

163/168

图 3.29　边学边练

此外，在知识讲授过程中，提出思考问题，激发学习者积极反思，变一味
地被动接受为主动思考、主动寻求答案（图 3.30）。

十一、如何理解利息费用保障倍数　　闯关地图

息不完全真实，个别企业甚至只是壳
公司，存在潜在风险。

（摘自：《证券市场周刊》，2012 年 12 月 24 日）

学
随 随练

请思考：请你根据所给资料，全面
评析该企业的短期偿债能力和长期偿
债能力，进行趋势分析和同业比较分
析。

HG 股份有限公司是一家从事通
信及相关设备制造的企业，该企业
20*1 年和 20*2 年的资产负债表如
下：

136/161

十一、如何理解利息费用保障倍数　　闯关地图

该企业 20*1 和 20*2 年利润表
有关数据如下：

表 17（单位：万元）

样式　　年份	20*1年	20*2年
营业收入	1350.42	1258.40
税前利润	- 3864.84	449.30
财务费用	877.40	449.30

提示　　反馈

138/161

图 3.30　思考题示例

3.教材功能

（1）基本阅读功能

基本阅读功能包括支持数字教材中文字、图片、声音、视频、动画等材料的浏览和查看，如图 3.31—3.32 所示。

视频素材：数字化格式采用 xvid 的 MPEG4-10 格式。编码格式为 H.264。视频支持原尺寸播放、点击全屏播放、隐形按钮三种播放形式，隐形按钮播放形式可节省视频占用空间。

动画素材：转化成视频格式，以便于 iOS 系统的终端查看。

个性化操作：学生可以根据环境变化和个人爱好随时调整背景色、是否同步等。

（2）批注功能

提供多种添加批注方式，如画线、屏幕录像、拍照等方式。

（3）测试功能

提供边学边练，并即时反馈测验结果，帮助学生及时纠错。

（4）交互功能

因考虑到数字教材以离线学习为主，故交互设计以人机交互为主。主要包括前后翻页、目录索引、标注笔记等。

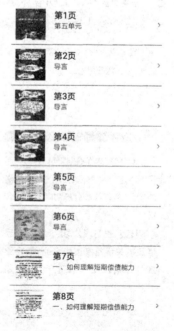

图 3.31　图片式导览目录　　　　图 3.32　下拉菜单式导览目录

（5）书签功能

学生在学习过程中可随时对当前学习页面添加书签。添加书签后，可在书签管理中查看所有添加过的书签，并通过点击某一书签快速定位到相关页面（图 3.33）。

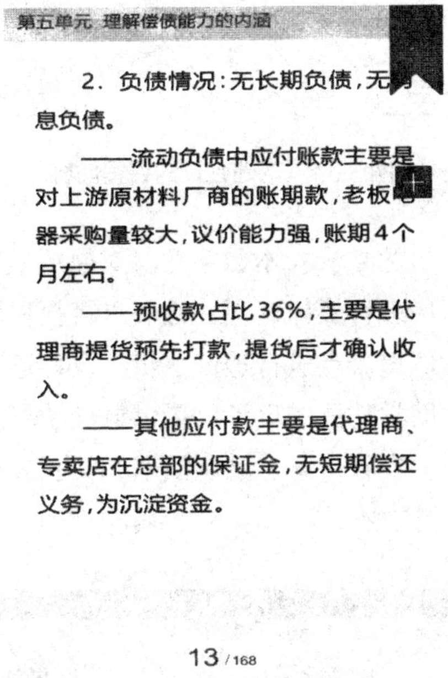

图 3.33　添加书签功能

（6）搜索功能

该功能可以帮助学生在本章内进行知识内容的搜索。

3.3.3《基础会计》数字教材的设计与开发

1. 课程开发基本情况

基础会计（也有的称为会计学基础或会计学原理）课程主要是阐述会计核算的基本原理，介绍会计核算的基本方法和基本技能。对于会计专业的同学来说，基础会计是非常重要的一门专业基础课，是为后续的专业课（包括中级财务会计、成本会计、电算化会计等）打基础的。对于金融专业和工商管理专业的同学来说，基础会计是专业知识结构的重要组成部分，也是将来从事相关专业工作所必需的基础知识，因为不管是企业内部管理还是银行信贷，都必须了解企业的财务状况，而了解途径只有通过解读会计提供的信息（图 3.34）。

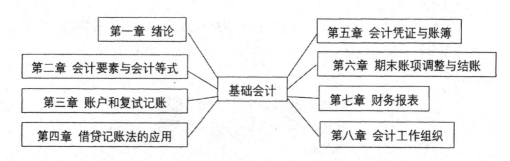

图 3.34 基础会计的课程内容

数字教材与纸质教材的差异：本数字教材对原纸质教材的内容进行了高度的整合和优化，合理运用多种媒体资源，延展丰富教材内容。在教学内容上遵循少而精的原则，对考试重难点进行透彻解析，设计适量学习评测，巩固强化所学内容。注重导学、助学功能的设计，提供最佳学习路径。在叙述方法上力求深入浅出、通俗易懂。视频讲解、动画演示和交互操作使教材的内容更为丰富立体（图 3.35）。

图 3.35 基础会计数字教材页面

2. 数字教材设计建设定位

（1）数字教材建设目标

全媒体数字教材是指基于各类 PAD 终端来呈现的一种资源模式，其可以在网络上自由下载，主要用以满足学生随时随地学习的需求。

PAD 终端：容量小、屏幕尺寸小；学习环境不固定；多媒体兼容；以手触动为主。

抓大放小，强化核心；模块化、微粒化。

生动形象地联系理论与实际。

加强导学和助学功能。

一体化整合多媒体资源。

学练结合，即时反馈。

（2）数字教材设计原则

学生中心原则：遵循成人学习的学习规律和学习特点。

简单易用原则：简化层次，一目了然，所见即所得。

发挥移动学习的特色，模块化、碎片化，随时、随地可学。

注重媒体间的深度融合。

（3）资源内容基本架构

基础会计课程的基本架构，如图 3.36 所示。

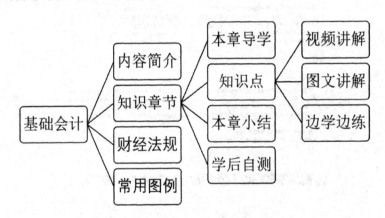

图 3.36　基础会计课程的基本架构

3.数字教材设计思路

（1）导学练有机结合

第一，导。

教材内容简介：第一时间明确学习内容、学习目标，如图 3.37 所示。

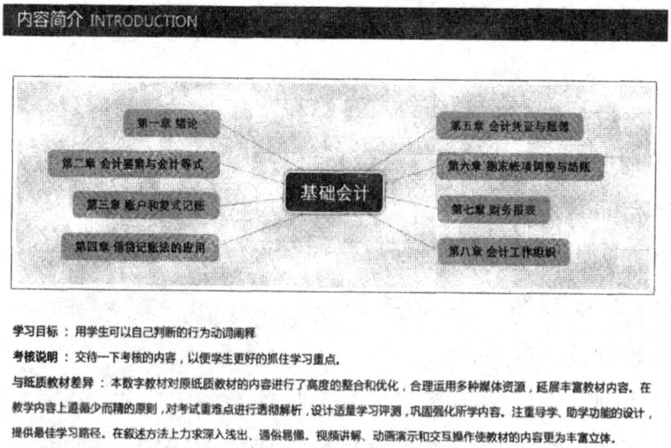

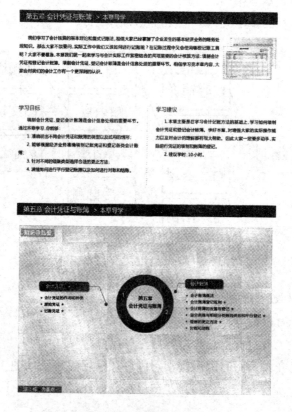

图 3.37　教材内容简介

本章导学：详述每章学习目标、知识体系，如图 3.38 所示。

图 3.38　本章导学页面

第二，学。

微粒化：将纸质教材内容进行提炼，浓缩整合成相对独立的小知识点，以便于学习者用碎片化的时间学习（图 3.39）。

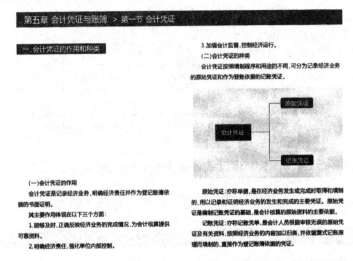

图 3.39　微粒化

用图文并茂方式直观讲解表单结构，如图 3.40 所示。

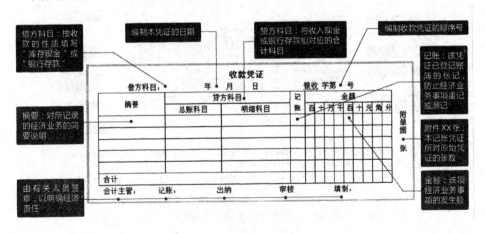

图 3.40　图文并茂方式直观讲解表单结构

多媒体化：数字教材能较好地兼容视、音、图、文多种媒体，在知识内容呈现上合理利用这些媒体，使知识内容更加直观、易读。

通过动画演示表单填写顺序，如图 3.41 所示。

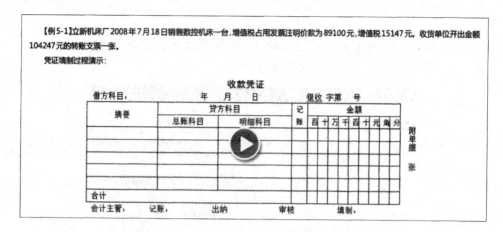

图 3.41　通过动画演示表单填写顺序

提炼注意事项，用特殊样式提醒学生注意，如图 3.42 所示。

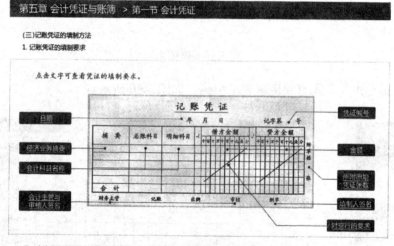

图 3.42　提炼注意事项，标注特殊样式

第三，学。

（1）小步调、即时反馈

采用小步调的"边学边练"，有助于及时矫正偏差，如图 3.43 所示。

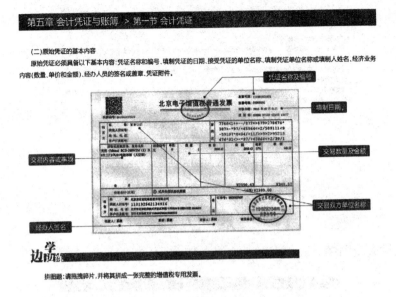

图 3.43 "边学边练"训练

（2）以例明理

通过例题将理论与实际操作相结合。在此尽量采用问题引导式方式，即先讲解理论知识，再提出例图题目，但将答案隐藏，不立即呈现给学生，给学生一些主动思考的时间（图 3.44）。

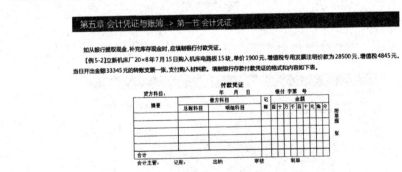

图 3.44　通过例题讲解理论知识

提供大量图例、表单实例，如图 3.45 所示。

图 3.45　图例、表单实例

（3）即时反馈

根据知识点考核能力，设置多种类型的练习题，如选择题、拼图题、拖拽题、填空题、找错题等，如图 3.46 所示。

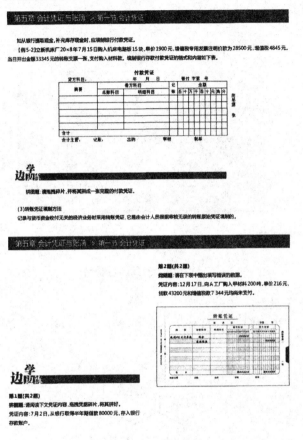

图 3.46 设置练习题

（4）易读、多交互

本课程纸质教材主要以文本方式呈现，在数字教材中运用媒体选择策略，对知识内容进行多媒体化处理，注重内容的可视化、参与化、最优化、趣味性、易读性和契合终端特性（图 3.47）。

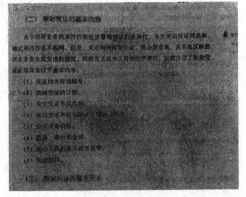

图 3.47 纸质教材

将分离内容整合、通过图示和案例等直观呈现给学习者（图 3.48）。

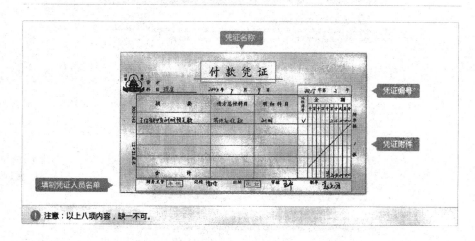

图 3.48　分离内容整合

（5）助学工具

助学工具：提供批注、标签等个性化学习工具，如图 3.49 所示。

图 3.49　助学工具

提供多种添加批注方式，如画线、屏幕录像、拍照等方式，如图 3.50 所示。

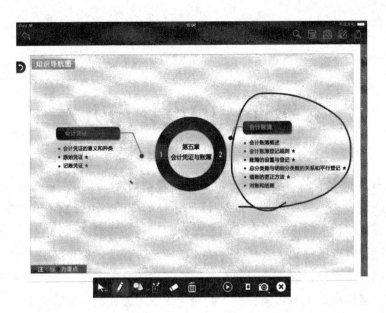

图 3.50　添加批注方式

3.4 本章结语

在数字化学习时代，教材依然是学习资源的重要组成部分，同时是整个学习资源体系的核心。纵观教材的发展历史，教材的内容和形式与教学方式及教育技术的应用息息相关。面对各种数字化媒体资源的出现，课程教材目前正在经历严重的挑战，活页教材和数字教材都是在这样的背景下自我革新的结果。随着教育理念和教育手段的推陈出新，教材的形式必然会有进一步的变革。

4. 微课程的设计与开发

随着生活节奏的不断加快，全世界正在进行一场"微"革命，人们的生活也在逐渐步入"微"时代。发端于 Twitter 的微博，以其互动性和参与性强、信息传播速度快等特点，在全球迅速地掀起了一场轰轰烈烈的"微"热潮，拉开了"微"时代的序幕。之后的微信、微访谈、微课，都是这股"微"潮流的产物，同样也是移动终端普及和无线网络发展的必然产物。与其他微时代的产物一样，微课程自出现以来，由于其对传统学习方式的颠覆性影响，使其受到人们的高度热捧。微课程与"MOOCs"、"翻转课堂"（Flipped Classroom）、"移动学习"等一起，被众多业内专家认为是 2013—2014 年度最具影响的教育技术。

微课程的出现，对传统教育产生了很大影响，不仅教学形式开始出现改变，而且人们对于教师在教学中的定位、学习资源在学习中发挥的作用等问题开始有了新的认识。尤其是基于网络的远程教育中，微课程发挥着更为重要的作用。由于微课程出现的时间比较短，在微课程的设计与开发过程中还存在很多问题，使其微课程的质量参差不齐，不能满足学习者的需求。而且，微课程教学与传统教学模式如何融合的问题一直没有很好地解决，影响了微课程在实际教学中的应有效果。因此，探索出一套适合目前教育形式的微课程应用模式显得尤为重要。

4.1 微课程的内涵分析

4.1.1 与微课程相关的概念界定

在微时代，微博、微信、微电影等司空见惯。在教育领域，微学习的特征也越来越明显。微学习、微课程、微课和微视频等概念出现在各种媒介中。为了更好地利于我们对微课程进行理解，我们还是将以上几个概念进行分析。它们的关系如图 4.1 所示。

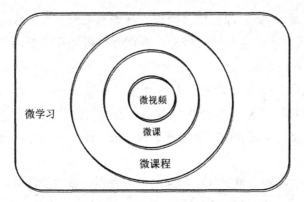

图 4.1　微学习、微课程、微课、微视频关系

1. 微学习

微学习是一种新型的教学模式和教学体系。传统在线教育学习，是一种基于网络的学习，包括网络核心课程、网络学习空间、网络教学团队、网络学习服务、网络学习测评、网络教学管理等核心要素。已经成为学习者一种重要的学习方式，并且形成了多种适合学习者的教学模式。

微学习时代的学习模式，核心特征是微型化、移动性和泛在性，是一种基于移动互联网的学习方式。虽然也是主要利用互联网进行学习，但它不是传统在线学习的微缩版，而是有着自己核心要素的新型学习模式。

2. 微课程

课程学习在任何学习时代都具有不可替代性，同样，微课程是微学习的核心内容。和传统在线学习的课程不同，微课程更强调学习过程交互、分享、实时、参与；资源的多样性、可选择等。基于微课程的特征，我们设计出"三微一体"微课程教学模式（图 4.2）。

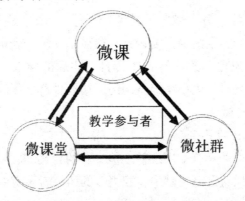

图 4.2　微课程要素关系图

所谓"三微一体"，即三微"微课、微课堂和微社群"和一体"教学参与者"。微课是微课程的主要学习资源，微课堂是微课程的学习空间，微社群是微课程的交流互动空间。

此外，微课程的参与者由过去的教师与学生，现在二者的界限越来越模糊，甚至角色可以互换。教育参与者由过去的二元体向一元体转变。这种转变，反映现代社会学习强调知识的分享和交流，而非传统的教师中心制。

3. 微课

微课是以微视频为单元的一种新型学习资源。微课的特征："微"与"课"。

（1）对于微课之"微"的认识：第一，点微，即取点之微；第二，精微，即精练之微；第三，型微，即时长之微，大小之微。

①取点之"微"：一个点或多个点（相关知识点群）的聚集，集中解决某门学科某个重点、难点或焦点。知识点或知识点群应该具有系统性、代表性与典型性。

②精练之"微"：精准的主题表现、精选的授课方法、精到的演示技术、精简的语言表述、精良的剪裁制作、精美的画面声音。

③课时之"微"：某门学科的某个难点、重点或焦点的结构，只在时长5—8分钟全方位、多媒体地有效呈现。必须挤掉多余的水分，仅呈现必要的干货。这需要教师在微课视频脚本上对知识点的精确打击，对方法的精准使用，对技术手段的多维运用。课时之"微"对码流、分辨率、帧速、时长、大小等值须有明确的要求。

（2）对于微课之"课"的认识：

①是课必有内容，内容必有主次。内容包括知识点，也包括由该知识点引出的考题（作业）。

②微课需要设计，只"微"不"课"不行，"微"是形式特点，"课"是本质属性，微课限于容量则更需要设计。微课是一种全新设计下的、详略分明的微型课程。课堂流程、教案与 PPT 课件、主题的导入、主题的讲授、活动的开展、互动的环节、课尾小结等微课的一切要件都必须经过精心设计。可以说，没有设计就没有微课。

4. 微课与微课程的关系

微课与微课程虽然只有一字之差，但二者的含义却相差很大。事实上，在我国目前关于微课程的研究文献中，相当多的研究者没有将二者区分。下面我们将二者进行对比分析（表 4.1）。

（1）微课与微课程的区别

表4.1　微课与微课程比较分析

比较内容	微课	微课程
课程对象	知识点讲授	课程体系教学
课程性质	新型教学资源	新型教学模式
课程主体	教师主导型	学生参与型
课程目标	适应集体共性学习	满足个性化学习需求
课程要素	视频、讲义、测试	微课、学习空间

（2）微课与微课程的联系

微课程的主体是由一系列微课组成，微课是微课程的基础。在一般的课程建设过程中，都是先来制作一定数量的微课。同样，微课要在微型学习中发挥作用，必须要有效地嵌入到微课程中。需要特别说明的是，在本研究报告中，如何没有特别说明，那么微课与微课程并没有严格区分开来。

5. 微视频

微课主要是以视频的形式进行展示的，因此造成很多人误认为微课就是一个个短小的微视频，但二者之间有着很大的差异。

微视频是以信息传递为目标，通过将一些视频元素进行有效组合，在短时间内展示一个或多个主题内容。

微课是以知识讲授为目标，以视频的形式围绕一个教学主题进行有效设计，实现一定的教学目标。

因此，虽然微课的形式是教学微视频，同时还包含与该教学主题相关的教学设计、素材课件、教学反思、练习测试及学生反馈、教师点评等辅助性教学资源。图4.3反映的二者之间的关系。

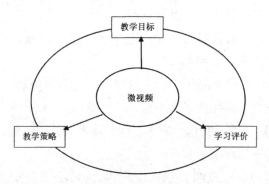

图4.3　微视频与微课的关系

4.1.2 微课程与微学习、移动学习和泛在学习

信息时代的到来，尤其是移动互联网的普及应用，人们的学习和工作方式都发生了很大的变化。很多人使用"微学习"、"移动学习"和"泛在学习"对这一时期的学习进行形容和命名。事实上，三者之间存在一定的联系和区别。

1. 微学习、移动学习和泛在学习的区别与联系

微学习、移动学习和泛在学习是站在不同角度对现在学习方式的一种描述。图 4.4 是对三个关系的一种简单描述。

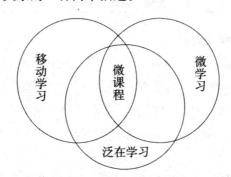

图 4.4　微学习、移动学习和泛在学习的关系

（1）三者之间的不同

第一，移动学习。这是目前学习方式的最显著特征，狭义的移动学习是指人们利用移动设备进行的学习方式。它是从空间角度来反映学习者可以不受地点的限制，在任意地点进行学习。

第二，微学习。它是从时间角度反映学习者不受时间的限制，利用微小的时间，进行碎片化的学习。具体来说，微学习有如下特点：

①"位微不卑"。微课虽然短小，比不上一般课程宏大丰富，但是它意义非凡，效果明显，是非常重要的教学资源。

②"课微不小"。微课虽然短小，但它的知识内涵和教学意义非常巨大，有时一个短小微课比几十节课都有用。

③"步微不慢"。微课都是小步子原则，一个微课讲解一两个知识点，看似很慢，但稳步推进，实际效果并不慢。

④"效微不薄"。微课有积少成多、聚沙成塔的作用，通过不断的微知识、微学习，从而达到大道理、大智慧。

第三，泛在学习。它强调了学习者不受时空的限制，可以进行时时、处处

的学习。

（2）三者之间的联系

三者的核心目标都是一致的，即使人摆脱学习过程中受到的各种束缚，能够身心自由地进行知识的获取。同时，三者的终极目标也是一致的，即要实现终身教育的目标，每个人的学习不再是阶段性的，而是伴随终身，达到"学习即生活，学习即享受"的理想状态。

而且，三者目前还处于一个探索和尝试阶段，因此应该暂时搁置三者之间的差异，重点关注如何实施教学过程，满足这一阶段学习者的需求。

2. 微课程在微学习、移动学习和泛在学习中的应用

不管是微学习、移动学习还是泛在学习，都是以知识学习为主要目标，课程学习是其中重要的组成部分。

因此，在微课程的设计与开发过程中，要考虑微课程应用的移动性、泛在性和细微性等特征。

4.2 微课程在国内外开发与应用现状及存在的问题

4.2.1 微课程在国内外开发与应用的现状

1. 关于微课内容的呈现形式

（1）国外微课内容的呈现形式

国外微课内容的呈现形式多样，如卡通动画、电子黑板、真人演讲等，课程面向不同年龄、专业等人群，其内容短小精悍，时长一般在 10 分钟左右，并配有对应的字幕，便于人们学习。下面以可汗学院及 TED-Ed 为例进行介绍。

可汗学院的微课包括数学、科学与经济学、计算机科学、人文学、测试准备（Test Prep）以及与著名高校（如 Stanford School of Medicine、麻省理工学院）合作的医学、实验等，其内容主要以电子黑板和教师旁白讲授相结合的形式呈现，并配有多国语言的讲授字幕。其中理科课程较为完整和系统，教师通常采用例题讲解的方式进行知识点的讲授，没有过多的导入，直接进入主题。除基本课程外，每个专题还设有相应的拓展性内容（Additional Content）供学生提升能力。

TED-Ed 的微课包含 32 个主题，不仅有中小学课程内容，还涉及大学课

程，分别有：艺术、数学、商业与经济学、科技文娱与设计（TED）、文学与语言、哲学与宗教、心理学、科学与科技、社会研究、教学与教育、健康等多个学科。微课内容多以卡通动画及真人演讲的形式呈现，视频常配有同步讲授旁白、字幕及知识介绍，具有界面生动多彩、内容简短精练、知识点明确的特点，符合中小学生的心理特征及学习水平。学有余力的学生可在 Dig Deeper 上了解到更多相关知识。

（2）国内微课内容的呈现形式

随着技术手段的不断发展，我国国内微课程的内容形式也从过去以 PPT 录屏为主，开始向多样化发展。目前，微课的主要形式包括：①高清摄像机实景拍摄型；②虚拟仿真二维、三维动画型；③ PPT 讲解型；④真人实录型

通过对微课程形式进行分析我们发现，目前我国开发的微课程已经在很大程度上改变了原来形式单一的问题，尤其在现代教育技术的支持下，开始迈向多样化开发的进程中。与此同时，带来的问题是，课程形式如何与课程内容进行匹配的问题。由于很多时候课程内容设计和课程形式设计是由不同人员分别完成，特别是课程形式设计人员往往是非专业的技术人员，对课程内容不是很了解，往往会出现内容与形式不匹配的问题。

2. 关于微课配套资源的建设情况

尽管微课的核心是"微视频"，但完整的微课还需要与相应的学习单、学习活动流程等相结合。与微课视频配套的相关资源包括知识向导、在线练习、课件讲义、评价反馈等，它们是微课的重要组成部分，同时也为师生评价教学和学习效果提供依据。

（1）国外微课配套资源的建设

国外在微课配套资源的设计和建设上不仅较为完整，且别具特色。例如，可汗学院的一大特点便是为学生提供了知识地图（Knowledge Map）以及自定学习计划。知识地图将零散的知识点以网络图的形式串起，为学生指明学习路径，并由浅层次向深层次递进，同时明确指出知识点所需掌握的技能，让学生明确自己的学习任务。每次登录学习后，学生都能在导航中看到自己的学习历程，以回顾自己所学的知识。学生还可以根据自身需求制订学习计划，并添加用户作为自己的教师。可汗学院不仅会记录每个学生的学习历程，还对学习及测试情况进行数据统计，让学生知道自己存在的不足，以便及时调整学习计划。这也让教师清晰地看到学生存在的困难，便于教师帮助学生解决学习问题，并适当调整自己的教学内容。在学习、测试结束时，网站还为学生制定了

一套"成就"制度，它根据学生的学习情况，为其颁发"勋章"，以鼓励并激发学生学习动力。

与可汗学院相似，TED-Ed 也为学习者提供了在线测试，练习以选择题和开放问答题为主，但缺乏与解题相关的提示帮助，仅提供视频回放，测试的完整性不及可汗学院。

（2）国内微课配套资源的建设

国内的微课教育网站主要有面向学生的在线学习网站，如微课网，国家开放大学的五分钟课程网，以及面向教师的优秀教学课例评选与展播平台，中国微课网、佛山教育视频点播系统。由于面向的群体不同，网站所提供的配套资源也有所差异。面向学生学习的微课网站主要提供在线测试、在线问答、课程讲义等资源，而面向教师专业发展的优秀教学课例评选等网站主要提供授课教师的课件、教案、在线评论等。

面向初高中学生的"微课网"在每节微课中设有与之相关的在线同步测试、学习攻略、课程讲义、答疑及评论专区。系统会根据学生测试情况进行统计，将结果记录在"我的微课"中，并对测试中的错题进行分类，收集在"错题本"中，供学生进行知识点强化。除此之外，该网站还提供了各学科的综合性测试，包括个人测试和邀请赛测试（邀请其他同学一同测试）。答疑专区提供学生与教师互动的平台，学生可以就课程中出现的疑惑询问授课教师，而教师也可以通过该平台及测试情况了解学生对课程的掌握情况。

主要面向中小学教师的"中国微课网"在每节微课中均设有授课教师的"微教案"、"微课件"、"微反思"及"其他附件"。这些资源与视频结合后，用于教师的专业发展及同学科教师之间的交流。该网站不仅设置了评论专区与问答专区，便于用户与授课教师之间的互动，还设置了"微课论坛"，其中包括"管理区"、"微课交流区"及"综合交流区"，教师在此除了可以表达自己的见解，还能学习微课的制作。

由此可见，国内外微课资源网站均为师生提供了互动平台，便于答疑、交流。微课配套资源的建设相对完善，不仅含有多种题型的相关练习，还有知识地图、学习任务、成绩统计、奖励制度、编辑个性化课程、自定学习计划等，这有利于学生的自主学习和在线学习，并给予师生及时的教学反馈。国内的微课配套资源主要是提供教师之间交流学习的教案、反思和评价，这是国外配套资源所缺乏的，但国内针对学生学习的配套资源不足，仅提供相关的习题测试、学习文本材料等，缺少互动交流的环节设置，以及缺少引导性功能设置。

因而不能充分地发挥微课在教学上的作用。

3.关于微课程在教学中的应用情况

（1）国外微课在教学上的应用

2008年，戴维·彭罗斯提出微课概念后便在胡安学院推广应用，教师们将微课应用于职业安全、学术性阅读、兽医学等课程的讲授中。这种授课形式促进了学生的自主学习，学生通过笔记本等电子移动设备反复地观看微课视频，从而理解概念、明确解题的步骤方法等，进而完成书面作业、实践活动，教师根据学生作业等任务的完成情况得到反馈。教师利用微课进行教学，让学生更能集中注意力，并留下更多的时间给学生练习。

微课在胡安学院应用后，这种新型的教育方式也备受关注。如今，国外许多中小学也开始利用微课进行教学，教师通过录制微课视频或利用较完善的教育微课网站，结合自身课程的需求进行教学。除将微课应用于学生自主学习外，教育者也利用微课促进教师专业发展。例如，teachers TV 涵盖英国中小学及幼儿园阶段的微课视频，不仅为学生提供课外学习资源，还为教师提供课堂教学资源，帮助教师拓宽教学技能并深化教学管理与实践。

（2）国内微课在教学上的应用

随着信息和通信技术的快速发展，特别是移动数字产品和无线网络的普及，基于微课程的移动学习、远程学习、在线学习将会越来越普及。微课程必将成为一种新型的教学模式和学习方式。目前，微课程在我国教学中的应用主要出现在：传统教学中的应用；慕课（MOOC）中的应用；翻转课堂中的应用；混合学习中的应用等几种方式（图4.5）。

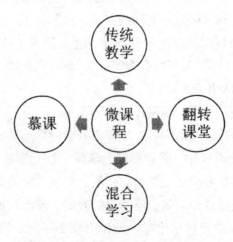

图 4.5 微课在教学中应用

①微课程在传统教学中的应用

在传统教学中，微课程仅仅是作为一种教学资源出现的。它以视频为主要载体，记录课堂内外教育教学过程中围绕教学要求的某个能力点、技能点、知识点或相关教学环节教师开展教学活动的全过程，视频一般为 5 ~ 10 分钟，所以它具备了在课堂教学中使用的条件。作为传统授课的教学辅助手段，也就是用作配合教师上课的教学资源，它减少了老师重复讲授某个重要知识点的负担，也能帮助学生进行自定步调的学习，满足学生的个体差异。

本研究认为，微课对传统的课堂教学模式的影响是有限的，为什么这么说呢？第一，这是由课堂教学形式规定的。课堂教学是在一个封闭的空间（教室）和规定的时间（课时）开展的有明确目标的教学活动。在有限的时间、有限的空间内要实现某个明确的教学目标，教师讲授是一种最有效最经济的方式，这是被千百年来教学实践所证明的。微课只能辅助地替代教学中的某些环节，在课堂上起主导作用的还是教师本身，因为教师的教授是最生动最直接的。第二，教学是一个生成性过程，而不是一个预成性过程，课堂的魅力也正在此。教师每天面对学生时，都可能遇到很多意想不到的情况，通过师生和生生之间的互动，会使课堂教学变得富有生机。好的课堂是教师和学生共同创造的，坏的课堂也同样如此。而微课是一个预先定制的产品，这种东西在课堂上偶尔用用可以，但让它占据课堂过多的时间，课堂就会变得相当无趣与沉闷。即使微课制作得再精美也不行。

通过一些调查也会得出相同的结论，即不论是普通高等教育，还是中小学教育，在传统课堂上真正使用微课进行教学的比例少之又少。

②微课程慕课（MOOC）中的应用

慕课的核心概念就是"微课、小测验、实时解答"，也就是说，慕课一般以微课或者微视频的形式表示，结合小的测试与实时解答问题。从目前的情况来看，微课程在慕课中得到了越来越广泛的应用，甚至改变了慕课原有的一些教学模式。

③微课程在翻转课堂中的应用

与翻转课堂教学理念结合，教师把微课作为主要学习资源，要求学生课前学习，课堂上主要就知识点的实践与应用进行深入的讨论和分析。目前，关于微课程如何在翻转课堂中应用成为大家关注的热点，国内很多研究都在关注这一问题。但是，在实际操作起来会有一些问题，具有一些条件限制。因此，微课程在翻转课堂的应用，目前只适用于一些特殊课程和情形。

④微课程在网络学习中的应用

基于网络的远程在线学习将会成为未来教育的发展方向，尤其是随着移动互联网的普及，移动学习更会改变未来的学习方式。

事实上，虽然微课在课堂内的应用不容乐观，但网上应用已经呈现出喜人的局面，各种微课网站纷纷涌现，很多商业网站的微课要收费才能看到。微课的内容也不仅限于学科知识，更多地向实用性、技能型的方向转变，广泛应用在非正式学习与非学历教育领域。在一些微课大赛的官网上，单个微课的点击率也都在成千上万次以上。可以说微课非常适合网络时代碎片化学习的需求。尤其像开放大学这样以互联网为手段，以成人在职学习为主要方式的新型大学，微课程更会发挥极大的作用。

本研究认为微课程的应用价值是基于网络的学习。因此，本文所探讨的内容，主要是基于网络的微课程设计与应用。

⑤研究小结

通过上述比较可见，国内外微课资源建设及其在教学中开发与应用具有如下共同特点。

第一，微课内容精细化，呈现形式多样化

国内外微课大多以精短的视频呈现，尽管涉及学科多样，但内容精悍，不仅从学科、主题、模块、年级等方面对微课内容分类，更从知识功能上细化，分为概念型、实验型、练习型等。知识点及其功能的明确，为自主学习与个性化学习提供有力支持。并且，作为微课核心部分的微课视频的制作效果和呈现形式对微课的应用有着重要影响。微课内容的呈现形式不再局限于课堂实录，还可以通过录屏软件、PPT、Flash 等技术制作，使视频的呈现形式更丰富多样，更能吸引不同学段学生的注意。

第二，配套资源特色化，资源平台共享化

国内外微课资源平台不仅提供视频资源，更发展成了互动型的教学平台，并且配套资源别具特色，不但有配套练习，还有知识向导、学习反馈记录等特色化配套资源。作为微课资源平台建设的重要组成部分，配套资源在发挥学生自主学习方面的作用不言而喻。如今，微课资源平台的开放性更使不同地区，甚至不同国家的师生能共享优质教育资源。

第三，应用形式多元化，面向人群普及化

微课涉及学科的广泛性及其内容的精细化，使其不再局限于单一的应用形式。在日常课堂教学、网络教学方面，均得到应用与推广，且微课为教师专业发展、教研形式提供了新途径，扩大应用人群。

4.2.2 微课程在开发与应用过程中存在的问题

尽管我国微课在资源建设及应用上已取得一定成效，但与国外相比，仍处于探索阶段，在资源建设与教学应用上仍需完善，主要存在以下几方面的问题。

1. 缺乏用户需求导向的设计理念

微课程对于我国来说还是一个新兴事物，可以说，目前的微课热，很大程度上来自微课大赛热，但这种大赛对微课程发挥助推作用的同时，也容易产生一些负面影响。即很多情况下，微课的设计仅仅为了评比，而忽视了其真正的应用价值，更加使微课的制作者产生急功近利的思想。一份对高校教师参加微课制作的动机调查发现，绝大部分（84.63%）的教师希望能获得教育行政部门的证书奖励，66.98%的教师希望比赛成绩作为职称评定的参考指标之一，61.1%的教师希望有奖金奖励，56.55%的教师希望自己能够成为先进典型被推广宣传，48.58%的教师希望得到政策支持和优先立项等。说明目前的微课热，更多的是出于功利动机，而不是课堂教学的实际需求。

因此我们说，判断一种新型教学资源或教学模式有没有生命力，要看它在热闹的比赛或项目结束之后，教师是否还会自觉地继续使用这些资源或模式进行教学。如果教师在没有项目支持和比赛激励的情况下，还愿意继续采用研究和比赛时采用的教学资源、教学模式进行教学，那才证明这种教改是有生命力的，是真正具有价值的；反之，如果一旦没了项目支持，没了获奖、竞赛等激励因素，教师又都回到传统的教学模式上去，那就证明这种教改实际上是不成功的，是为了应付或表演，难以普及。

本研究认为，对微课的研究，一定要做到"闹中取静"。一定要从学习者角度入手，以产品制作的理念，来思考如何对微课程的内容进行设计和开发。我们评价微课程水平高低的标准也应该来自学习者的认可。

2. 缺乏知识体系化设计

目前，关于微课程的体系化设计存在以下两种倾向：一种是没有体系化的设计，设计和制作的仅仅是一个个小的知识点，各个知识点之间缺乏必要的联系，很难形成一个完整的体系，以至于很难称其为一门完整的"课程"；另一种倾向是，将传统的完整视频课程剪切成若干短视频，形成微课程。这样的做法虽然从形式上看，各个小视频课程之间具有一定的联系，能够围绕一个大的主题进行整合。但是这种拆分，只是一种从形式上的微分，并没有按照微学习的理念，从本质上考虑每一个知识点的内容设计。

因此，我们这里所说的微课程，既不是单一的微课小视频，也不是传统课程的拆分。应该是基于学习者微学习特征的课程内容体系重构。

3. 课程设计缺乏交互性、情境性和引导性

随着社会的进步，人们对于学习的认识和态度也在悄然发生改变。学习不仅是单纯获取知识，更是我们生活的一部分，是一种享受，是一种体验。如同我们去消费、去购买商品，不仅要关心所购商品的质量，还要关注消费体验。对于课程学习而言，同样如此。远程教育中，学习者的最大障碍就是缺乏陪伴感，使其丧失学习的动力和兴趣。因此，我们在微课程设计与开发过程中，一定要充分考虑学习者使用课程学习过程中的"用户体验"。

目前的微课程，缺乏交互性设计，具体表现为在课程的设计过程中，还是以教师为中心，学习者只是被动地接受知识，没有与教师交互的过程。尤其在远程在线学习的环境下，这种设计结果使学习者学习的热情大幅下降，不能吸引学习者的注意力，久而久之，微课程失去了其应有的作用。此外，微课程还缺乏情境性设计。作为一种微型视频，短时间内完成学习者与教师的交互，恰当的情景必不可少。但是目前的微课程，缺少学习者学习过程中带入感，其结果是学习者学习内容的陌生感和恐惧心理增强，短时间内很难进入学习角色。最后，微课程缺少引导性。由于微课程对应的知识点都比较微小，学习者进入微课程学习很容易进入知识迷宫。目前的微课程，大都将微课程直接"展示"在网站上，没有考虑给学习者建立一个有效的学习路径。

4. 开发过程缺乏精细化管理

微课程既是一项艺术创造，也是一项技能性很强的工作。由于本研究报告中所涉及的微课程设计与开发，指的是依靠设计开发团队，分工协作的开发过程。因此，在整个开发过程中，要有规范的流程和精细化的管理方法。从目前微课程开发过程看，微课程开发过程随意性较大，缺乏科学和规范的管理流程。其结果就是微课程开发质量很难保证，质量水平参差不齐。

5. 微课程缺乏质量标准评价

科学有效的质量评价标准，既是对微课程开发完成后的一种质量评估，同时也是对整个开发过程起着引导作用。从目前情况看，微课程缺乏一套微课程质量评价体系。虽然有一些关于微课程的评价指标，但基本上都是基于一些大赛评比的指标，且指标大都不具体，缺乏可操作性，并且不能从教学环节入

手，客观地对微课程质量进行评价。

6.没有明确的应用模式

微课程设计与开发的目的是为了应用，如果开发的微课程仅仅是为了评比或者是为了展示，那也就失去了微课程开发的意义。

相对于微课程开发而言，微课程在应用阶段的问题是最大的。突出表现在微课程不能和现有的课程体系有效衔接，甚至是相冲突。如果微课程没有一个适合学习者学习的应用模式，那微课程只能是一种摆设而已。因此，本课题除了探讨微课程的设计与开发环节，还重点研究了微课程的应用模式，这可能是对微课程来说意义比较大的地方。

4.3 微课程开发流程与方法

微课程的开发，既是一项艺术创作活动，也是一项教学产品开发过程。在这个过程中，不仅是团队开发还是个人开发，都要遵循一定的开发流程和方法，以保证开发的效率和效果。

4.3.1 微课程基本开发流程

1.微课程开发设计模型

ADDIE 模型是教学设计者和培训开发人员的一个通用过程框架，ADDIE模型分为分析、设计、开发、实施和评价五个过程（图 4.6）。

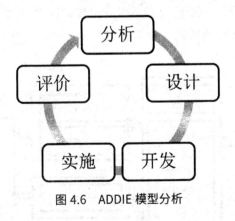

图 4.6 ADDIE 模型分析

基于以上 ADDIE 模型，我们设计了如下微课程开发模型，即 DDIae 模型（图 4.7）。

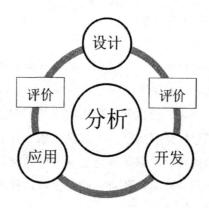

图 4.7　DDIae 模型分析

在微课程开发设计过程中，设计、开发和应用是三个主要环节，构成了微课程开发的过程。分析和评价渗透到其他三个阶段之中，其中，分析是每一个阶段工作的前提，即设计、开发和应用都是在进行充分分析的基础上进行的，这样才能保障设计、开发和应用的合理性。评价同样渗透到设计、开发和应用阶段，不仅包括事后评价，还包括事中评价，事实上评价发挥着微课程开发过程中的质量监控的作用，保证设计、开发和应用的有效性。

相对于原有的 ADDIE 模型，新的 DDIae 模型主要的变化是对分析、设计、开发、实施和评价五要素的重新分类，将其分为流程性要素，包括设计、开发和实施，以及保证性要素，包括分析（合理性保证）和评价（有效性保证）。

2. 微课程基本开发流程

这里的开发流程，主要是指微课程设计开发过程中的设计阶段与开发（制作）阶段。开发流程包括选题、教学设计、课件制作、拍摄、后期剪辑、视频输出等环节，（图 4.8）。

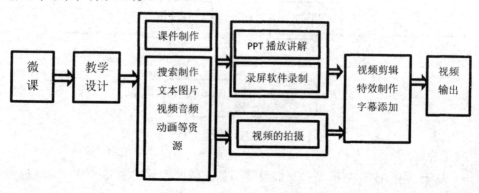

图 4.8　微课程开发基本流程

4.3.2 微课程分析阶段

1. 工作内容和目标

分析过程是整个微课程开发的起点，同时分析过程需要对微课程的设计、开发和实施各个阶段都进行分析，包括学习需求分析、学习者特征分析、学习内容分析以及资源和约束条件分析。科学、完整的分析，需要各个阶段的人员共同参与，在综合分析的基础上得出分析结论。

2. 工作重点

（1）学习需求精准定位

只要对学习者的学习需求进行精准定位，找准工作和学习中的痛点是什么，才能够设计出针对性强的学习内容。

了解学习需求，首先要对学习群体对象进行定位，即哪类人群是我们的现实目标群体和潜在目标群体，然后再对其需求进行详尽分析。

分析资料的来源，一方面来自市场调研；另一方面来自问吧等平台，搜集学习者关注的难点、热点和痛点。

（2）学习者特征分析

学习者特征分析，也是在对学习者对象定位的基础上，通过对其年龄、职业、性别、地域等特征进行分析，了解学习者的经济水平、学习知识水平、学习方式偏好等。这些都是我们进行课程开发设计的重要依据。

（3）学习内容分析

根据学习需求分析的结果，即微课程要讲授的知识点来确定围绕知识点要讲授的学习内容。

一是确定微课程内容的学习结果类型。

二是确定学习内容的深度和广度以及各部分内容之间的关系。

（4）资源和约束条件分析

在资源和约束条件分析步骤中，微课程教学设计者主要分析以下四方面的内容：

①时间。根据学习者和相关部门需求，微课程的制作需要什么时间完成，以便于确定设计、开发、实施与评价所需要的时间。

②人员。哪些人员可以参与到整个微课程的开发建设过程中，人员的构成和各项技能的情况。

③工具。开发工具直接决定了微课程的开发类型。

④辅助资源。辅助资源包括录屏软件、录音设备、手写板等，能够丰富课程开发的表现形式和效果。

3. 工作结果

撰写分析报告，呈现结果分析报告一般包括文字和图表两种形式。文字形式主要是阐述分析过程和分析结论，提出分析建议。图表形式是文字形式的有效补充，例如可以绘制用户需求关键点图谱。分析报告一方面是帮助开发者有针对性地进行设计和开发，另一方面也是微课程开发结束后用来评价的依据。

4.3.3 微课程设计阶段

1. 设计阶段的内容和目标

微课程设计阶段主要是在前期调查分析的基础上，确定教学目标与思路、确定教学重点和难点、教学过程实施策略，以及撰写微课程开发脚本，为微课程的开发与制作提供准备。

2. 设计阶段的重点内容

（1）选题来源

微课程选题应来源于实际问题，一方面来自设计者自身的经验和总结，另一方面来源于市场调查，例如问卷调查、实地调研和各种社区交流平台等。

（2）设计完整的知识点体系

要针对我们确定的选题，设计一个完整的知识体系。一般而论，任何一门学科知识谱系皆具三大特征，即系统性、完整性、自足性，而构建一门学科知识结构的基本单位却是无数的点，这些点与点之间既有联系也有区别，共同构成学科知识的网状结构，成为一个自足的、能自圆其说的知识回路。必须指出的是，并非所有知识点都是重点，也未必都是难点，更不必都是焦点。因此，对一门学科的精通往往是在重点、难点和焦点中去把握整个学科的基本脉络，而不是"点"无巨细、不分轻重地笼而统之。只有抓住一门学科的重点、难点与焦点才能更好地吃透一门学科的精髓。

因此，知识谱系中的重点、难点、焦点的筛选就显得格外重要，它们形成了一门学科知识谱系解构的关键"物质组件"。

对所谓知识的"点化"处理，只是微课程开发过程的第一步，还需要对相应知识点内容进行进一步加工处理，即完成知识点的"萃取"，使之成为可加工对象。

最后要注意的是，知识体系由不同的知识点组成，各个知识点能够有效衔接，达到内容逻辑统一和形式外在独立的特征，即"形散而神不散"。知识点之间形成某种契合的和谐，即既要考虑到解构的必要性（分而"治"之，各个击破的便捷），同时也要考虑到知识还原（重新结构）的可能性。否则，只"分"不"合"，就迷失了知识学习的初衷。

（3）知识点内容的萃取

所谓知识点内容的萃取，就是根据知识谱系中的重点、难点、焦点内容，按照微课程开发的要求，对其内容进行恰当的微分、拆解和精练，在有效的时间内完成对知识点的"产品包装"。

（4）教学过程设计

教学过程分为问题引入、概念学习、核心知识学习、概念界定、解决问题、案例拓展、案例分析与解决、知识总结等。

（5）题目的命名

微课程的命名一定要有吸引力，可以采用疑问句的形式，这样更能吸引学习者的注意力。也可以采用例如成语、谚语等形式，但不管采用哪种形成，题目的命名形式应该保持大体的一致和统一。

（6）设计风格

课程的设计风格要做到统一和灵活相结合。同时也要考虑借鉴大众媒体技术和媒体设计中的先进之处，从网络、电视、广告等各种媒体中吸取、借鉴先进的实用的设计经验，用于微课程设计，形成适合当下学习者学习偏好的设计风格。

3. 微课程的可用性设计

可用性设计是从优化学习者学习体验的角度提出的。随着社会的进步，人们对于学习的认识和态度也在悄然发生改变。学习不仅是单纯获取知识，更是我们生活的一部分，是一种享受，是一种体验。如同我们去消费、去购买商品，不仅关心所购商品的质量，还要关注消费体验。对于课程学习而言，同样如此。远程教育中，学习者的最大障碍就是缺乏陪伴感，使其丧失学习的动力和兴趣。增强微课程的可用性设计，可以最大限度上提升学习者学习的持续性。

如何才能增强学习者的学习体验，主要从加强引导性设计、交互性设计和情境性设计三方面进行考虑（图4.9）。

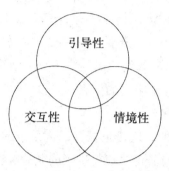

图4.9　微课程可用性设计关系

①引导性设计

微课程是基于"微"知识点的碎片化学习，相对于传统课程，学习者容易"只见树木不见森林"，不能有效地理解知识的全貌。这时候，教师对学习者的引导就显得格外重要，通过在微课程中进行引导性设计，能够提高学习者学习的效率和效果。引导性设计的方式主要包括：课程导学地图；章节导学；知识点导学。

②交互性设计

这里讲的交互式设计包括微课交互式设计和微课程交互式设计。

第一，微课交互式设计。

微课本质上是微型教学过程，形式上是以微型视频为载体，呈现整个教学过程。基于微型视频进行交互教学受多种因素限制包括不能像面授教学一样有真实的教学场景，师生可以面对面进行互动交流；也不能如同在线教学一样，有足够的虚拟空间，来对互动教学进行系统性设计。相对而言，由于微课程一旦制作完成，所有的知识要素相对固定，缺乏根据学习者要求进行调整的空间，这些都为交互式教学提出了挑战。因此，基于"微课"的交互式设计，某种程度上只是有限度的交互。具体的交互式设计方式包括：

a.合理设计交互性问题

现在的微课程的学习，基本上都是基于一个知识点的学习，即每一个知识点的学习都会围绕一个问题展开。基于问题导向的教学设计，是实现交互式学习的关键。但是，目前的设计中，有的是整个课程都是教师在讲解，没有任何问题的提出和引导；有的即使有问题的提出，但仅仅停留在课程之初抛出一个问题，引出本课程的学习主题，以及在课程结尾，可能会增加一个思考问题。这种问题的设计，缺乏生动，难以激发学习者学习的兴趣。因此，设计出交互式的问题，对提高整个微课程的交互性很有帮助。不仅能够提高学习者的学习兴趣，还有利于学习者及时评估自我的学习状态。

b. 内嵌式的交互功能实现

虽然微课程不像其他传统课程一样提供了足够可以进行交互式教学设计的空间，但是仍可以一些内嵌式的交互功能来实现交互。例如，引入了知识点记录，并实现信息存取链接化；引入笔记一键式共享，实现信息共享自由化；引入听说及图片化信息，实现信息资源多样化；引入师生学习互动，将本来片段化的学习活动进行扩展并使之连续化。

还可以增加分享式设计，学习者观看完微课程视频后，可以分享到微信朋友圈中，并发表自己的观点和看法。因为微课程的交互，不能仅仅体现在视频本身的交互式设计，还要包含视频外的交互。我们的最终目标是构建以微课程视频为中心的交互体系。

c. 增加交互性的沟融渠道

实际上，不论是传统的面授教育，还是远程在线教育，在教学过程中出现的角色始终是教师和学习者两种角色。我们强调的交互，本质上教师与学习者之间的交互。因为即使在远程在线学习下，学习者与学习资源交互的过程，学习资源也是教师的替代者。由于教师和学习者在学习内容面前有天然的不对等地位，因此，解决师生之间的距离感是教学交互的关键。

第二，微课程交互式设计

微课程进行交互式设计可选择的方式相对比较多。可以突破视频本身，充分利用现代社交媒体进行课程交互。因此，相对于"微课"的交互来讲，微课程的交互可以是充分的交互。在对课程进行交互式设计之前，首先要明确交互式设计的目的是什么，以避免为了"设计"而设计。交互式设计的目的包括：通过交互，及时解决学习过程中的疑问；通过交互，对自己学习体验和成果的一种分享。基于以上两种目的，微课程交互式设计的主要方式包括：专业的课程讨论区；社群的交流。

第一，什么是情境？

情境，在一定时间内各种情况的相对的或结合的境况。从社会学角度来讲，情境指与个体直接联系着的社会环境，与个体心理相关的全部社会事实的一种组织状态；从心理学角度来讲，情境指对象和时间等多重刺激模式，对人有直接刺激作用，有一定的社会学意义和生物学意义的具体环境。综上所述，情境是指能使人引起情感变化的具体自然环境或社会环境。建构主义强调用真实背景中的问题启发学生的思维，其所指的真实背景就是情境。从学生角度来看，情境可以理解为促使学生产生学习行为或从事学习活动的环境和背景，它是提供给学生思考空间的智力背景，能产生某种情感体验并诱发学生提出问题和解决问题的一种刺激事件或信息材料。

第二，情境性教学设计的内涵。

情境教学日益受到教育领域的重视，与之相近的还有情感教学和情景教学等，它们的共同之处是突出了一个"情"字。不论何种教育形式，无"情"的教育也是"无情"的教育，是枯燥乏味，不被学习者所接受的。作为微课程教学，也应该如此。以情境为核心的微课程交互式设计，特别要注意根据课程内容选择合适的情境，通过有效的情境，完成教师与学习者的交互式教学过程。

微课程的情境性教学设计，依据的是情境教学法。所谓情境教学法，是指在教学过程中，教师有目的地引入或创设具有一定情绪色彩的，以形象为主体的生动具体的场景，以引起学生一定的态度体验，从而帮助学生理解教材，并使学生的心理机能得到发展的教学方法。情境教学法的核心在于激发学生的情感。

可以说，微课程教学设计中所谓的情境，包含情景和情感两种要素。作为一种微型视频，短时间内完成学习者与教师的交互，恰当的情景必不可少。不仅可以增强学习者在学习过程中的带入感，还可以减少其对学习内容的陌生感和恐惧心理，并在短时间内迅速进入学习角色。同时，作为一门课程学习过程，要求考虑情感设计。情感设计能够增强学习者主动参与学习的意识和学习的积极性，提升学习的效果。因此可以说，情境化教学设计是情景与情感的相互融合，并在此基础上的一种升华。

第三，情境性教学设计分类。

教学情境包括真实教学情境、多媒体虚拟现实教学情境、教师营造的虚拟教学情境。针对不同的学科类型设计开发教学情境是微课开发的必要工作。

微课的教学情境设计可分为：解决实际问题的教学情境设计、探索型教学情境设计、试验和操作型教学情境设计、动作技能型教学情境设计、语言类知识教学情境设计等。自然科学类教学情境接近客观现实环境，或者可通过实验室提供；文史类课程教学情境通常由教师分析文章的意境，结合图片、视频、音频把学生的思维带入课文意境之中；体育类课程更多涉及动作技能教学情境设计。

第四，情境性分类教学设计。

在微课程情境化教学设计过程中，要考虑学习者接受信息的过程。一般来说，人脑在处理外部信息时存在"本能的"、"行为的"和"反思的"三个层次的加工水平（图 4.10）。针对信息处理的不同加工水平，需要对情境性教学进行分类设计。

针对本能层的设计。要考虑赏心悦目的感官刺激，能给学习者有一个深刻的第一印象，牢牢地将学习者吸引到课程上来。

针对行为层的设计。学习过程有良好的情感体验，要通过有针对性的情感设计，减少教师与学习者之间的距离感。这样能够激发学习者的学习兴趣，提高学习的效率。

针对反思层的设计。一门好的课程的价值在于能够促进思考，提升学习者对于某一问题的认知水平。因此，在针对反思层设计的时候，一定要能引起学习者的共鸣。

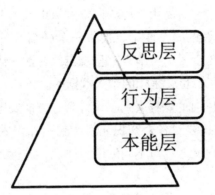

图 4.10　信息处理三层次加工水平

4. 设计阶段的工作结果

（1）总体设计方案撰写

设计阶段在整个微课程开发过程是一个承前启后的阶段，不仅要考虑本阶段的设计，同时也要对整个开发阶段有一个整体的设计方案，这样才能使整个微课程开发建设有条不紊。总体设计方案包括以下内容：

课程简况（课程价值和意义，课程特色，教学目标、教学要求与特点）；课程团队；课程前端分析；课程建设目标；课程结构总体设计；课程开发周期；课程开发经费。

（2）课程体系设计

微课程的教学设计可以说是一种思维模式，或者说是一种心智思考的过程。微课程设计者要能够"胸中有丘壑"，方能"下笔如有神"。如何做到"胸中有丘壑"，绘制思维导图是一种有效的解决方案。

思维导图又叫心智图，是表达发射性思维的有效的图形思维工具，是一种革命性的思维工具。思维导图运用图文并重的技巧，把各级主题的关系用相互隶属与相关的层级图表现出来，把主题关键词与图像、颜色等建立记忆链接。思维导图充分运用左右脑的机能，利用记忆、阅读、思维的规律，协助人们在科学与艺术、逻辑与想象之间平衡发展，从而开启人类大脑的无限潜能。思维导图因此具有人类思维的强大功能。

思维导图是一种将放射性思考具体化的方法。我们知道放射性思考是人类大脑的自然思考方式，每一种进入大脑的资料，不论是感觉、记忆或是想法（包括文字、数字、符码、香气、食物、线条、颜色、意象、节奏、音符等），都可以成为一个思考中心，并由此中心向外发散出成千上万的关节点，每一个关节点代表与中心主题的一个联结，而每一个联结又可以成为另一个中心主题，再向外发散出成千上万的关节点，呈现出放射性立体结构，而这些关节的联结可以视为您的记忆，也就是您的个人数据库。

思维导图不同于以前的课程大纲。设计者一方面要完成对课程内容的分解（图4.11），另一方面还要对各个知识元素（包括知识主题、知识点和知识模块）进行内容属性的定义。针对不同的内容属性，进行有针对性的媒体设计和可应用性设计。

在内容体系中，知识点是学习者学习的基本单元。它不仅是微课程的内容主体，还是学习者学习路径的有效节点和构建自身知识体系的抓手。

图4.11　课程内容分解

（3）课程教学策略设计

根据课程内容属性决定采用何种教学策略。内容属性主要包括知识类型和难易程度。可以通过内容属性关系图（图4.12）来进行分析同时编制整体内容分析表（见表4.2）。

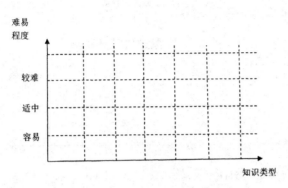

图 4.12　课程内容属性关系

表 4.2　微课程整体教学内容分析表

课程名称		
课程描述		
教学目标		
课程关键词		
章名称	节名称	知识点（1个微课对应1个知识点）
第一章	1.1	微课 1-01： 微课 1-02： 微课 1-03： ……
	1.2	
	1.3	
	……	
第二章	2.1	微课 2-01： 微课 2-02： 微课 2-03： ……
	2.2	
	2.3	
第三章	……	
第四章	……	
……	……	

（4）课程设计脚本撰写

微课程设计脚本是设计阶段的成果，也是微课程开发（制作）阶段的依据。微课程设计脚本由课程教师与课程制作人员共同设计完成。主要包括教学内容、教学手段、媒体运用、画面呈现方式、文字说明等内容。以下是常见的微课程设计脚本的模板（见表4.3）。

表4.3　微课程脚本设计表

镜头	知识点	解说词	字幕	画面要求	备注

4.3.4 微课程开发（制作）阶段

1. 开发（制作）阶段的内容和目标

微课程开发（制作）阶段是在微课程设计的基础上的具体开发操作。主要包括课件制作、视频录制、后期加工和视频输出等方面内容。

在微课程开发（制作）过程中，充分考虑制作效果和制作成本之间的权衡，既要提升学习者的体验性能，也要防止技术引领内容、过度设计等问题。

2. 开发（制作）阶段的重点内容

（1）根据课程内容选择合适的微课程类型

根据教学活动中常用的教学方法的分类总结，同时也为便于教师对微课程分类的理解和实践开发的可操作性，微课程可以划分为五类，分别为知识讲授型、解题演算型、实验演示型、角色扮演型、学习活动型。

①知识讲授型

主要用于课程要点讲授、重难点分析等，表现形式以教师授课视频为主，适用于教师运用口头语言向学生传授知识（如描绘情境、叙述事实、解释概念、论证原理和阐明规律），教师在教学过程中根据教学任务和学习的客观规律，从学生的实际出发，采用多种方式，以启发学生的思维为核心，调动学生的学习主动性和积极性，促使他们生动活泼地学习。这是最常见最主要的一种微课程类型。

②解题演算型

主要用于对典型例题及习题进行讲解，演算过程分析、逻辑推理等，表现形式以电子白板、手写板演示讲解为主。

③实验演示型

主要是对实验过程演示和重难点讲解，可以是教师在实验室操作实验的现场视频，也可以是利用网络虚拟实验动画加教师旁述讲解，适用于学生在教师的指导下，使用一定的设备和材料，通过控制条件的操作过程，引起实验对象的某些变化，从观察这些现象的变化中获取新知识或验证知识，在实验类课程中较为常见。教师在课堂教学时，把实物或直观教具展示给学生看，或者做示范性实验，或通过现代教学手段，通过实际观察获得感性知识以说明和印证所传授知识。

④角色扮演型

主要是为了增强学生之间的交流和互动，利用微课提供的互动题材，教师组织学生进行角色扮演活动，让参与者分享和感知经验与心得。

⑤学习活动型

主要反映在某个具体知识学习过程中的活动，和学习中的思考、探究和讨论等场景。

（2）根据制作技术选择合适的微课程类型

①高清摄像机实景拍摄型

这类微课程的制作最为复杂，一般要求由专业化公司进行制作。制作工具要采用高清摄像机，教师在演播室以讲授某个知识点内容为主，结合屏幕演示、板书、教学用具等活动完成的课堂教学，对教学过程高清标准的摄像，拍摄完毕后对视频进行专业化的后期制作，添加视频特效及字幕，结合与课程相关的背景资料可以进行必要的编辑和美化。实景拍摄型微课程可借鉴微电影拍摄模式，由学校组成微课程研发团队，对课程内容进行情景剧设计策划，撰写脚本，选择导演、演员、场地进行拍摄，经过制片人后期视频剪辑制作，最终形成微课程。此类微课程中教师会全景出现并贯穿始终，教师是整个视频的主角。

②虚拟仿真二维、三维动画型

虚拟仿真二维、三维动画型微课程是利用计算机进行动画的设计、创作与制作，产生真实的立体场景与动画，可以使人的视觉产生新的冲击，动画以其形象直观、表现力丰富的特点，不仅可以激活学生的学习兴趣，而且可以帮助学生更好地理解书本上的知识，深受师生的喜爱，给人一种身临其境、耳目一新的感觉。这类微课程的制作采用专门动画软件进行开发，教师本人一般不出现在画面中。这种类型微课程由设计者按照课程教学内容在计算机中首先建立一个虚拟的世界，并按照要表现的对象的形状尺寸建立模型以及场景，再根据要求设定模型的运动轨迹、虚拟摄影机的运动和其他动画参数，然后按要求为模型赋予特定的材质，并打上灯光，生成最后的微课程视频。

三维动画技术模拟真实物体的方式使其成为一个有用的工具，由于其精确性、真实性和无限的可操作性，目前被广泛应用于教育领域。在微课程制作方面，这种类型的微课程能够给人耳目一新的感觉，因此受到了众多学生的欢迎。关于虚拟仿真二维、三维动画型微课程在教学中的优势，主要体现在以下的三个方面。

第一，虚拟仿真二维、三维动画型微课程可以提供事物的具体形象从而促进思维的发展。教学的最终目的是培养学生的科学思维方法。学生的思维发展要经历从具体形象思维到抽象逻辑思维的发展过程，而他们要学习的知识大多是已有的经验知识，不能亲身体会知识发现的过程，更不能获得一些事物的具体形象，而三维动画正好可以弥补这一不足，使学生从事物的具体形象上升到抽象逻辑思维。

第二，虚拟仿真二维、三维动画型微课程可以再现实验情景。在自然科学教学中，教学常常始于实验现象、过程以分析事物的运动变化规律，由于实验本身或现实条件的限制，真实实验情境的再现受到很多局限：有的实验时间跨度很长或稍纵即逝，实验现象不易观察；有的实验条件过于苛刻或实验设备过于昂贵难以完成；有的实验过程的发生和进行不便控制，变化细节和内在的变化规律不一定能直观地看到。产生于科学思维的理想实验、理想模型、科学想象等在现实中不可能做到，仅通过言语表述难以沟通表达等，这些都会给教学带来一定困难。利用三维教学动画的"虚拟真实性"可以弥补这些方面的不足，实现替代性体验。

第三，虚拟仿真二维、三维动画型微课程可以将抽象概念、规则具体化。基本概念、规则的学习会对后续学习的顺利进行与否产生较大影响。但是，概念、规则又常常是以定义的方式呈现，抽象程度较高，学习者在学习中往往感到困难。三维动画微课程可针对学生理解上产生的误区进行设计，将定义描述以可视化的方式表现，直观地表现现象与抽象规律之间的联系，采用各种动画表现手法逐步引导学习者从现象中抽象出内在规律，帮助学习者突破思维上的难点，引导学习者的思维往更深层次发展。

③触摸一体机 PPT 演示加真人拍摄型

这类微课程的制作需要在配备触摸一体机的专用教室或录播室里进行，视频记录工具为高清摄像机。制作时一般由教师站在触摸一体机前进行教学内容讲解，触摸一体机同步播放课程PPT，教师可对PPT的播放进行控制。触摸一体机PPT演示加真人拍摄型微课程与实景拍摄型微课程制作过程基本一致，也需要进行后期视频剪辑制作，最终形成微课程，这类微课程中教师会全景出现并贯穿始终，教师是整个视频的主角。

④电脑屏幕录制型

这类微课程的制作相对简单，教师稍加培训就可以掌握，录制时一般由教师本人独立完成。电脑屏幕录制型微课程制作首先要选定教学主题，搜集教学材料和多媒体素材，制作PPT课件，然后在电脑屏幕上打开录屏软件，戴好耳麦，调整好话筒的位置和音量，教师对照PPT课件进行讲解，调整好PPT界面和录屏界面的位置后，进行录制。教师在录制时按照教案，一边演示幻灯片放映或对其进行各种操作，一边讲解。电脑屏幕录制型微课程在录制时可以选择是否录制教师本人的头像。录制完毕后，对录制的微课程视频用后期视频剪辑软件进行适当的编辑和美化。由于这类微课程视频主要呈现教师的PPT课件，PPT课件的制作水平决定了微课程的质量，教师一定要在制作精美的PPT课件上多下功夫。

⑤可汗学院（手写板）型

这类微课程的制作相对简单，由教师通过手写板和画图工具对教学过程进行讲解演示，并使用屏幕录像软件录制。教师稍加培训就可以掌握，录制时一般由教师本人独立完成。制作时首先针对微课程主题，进行详细的教学设计，形成教案；其次，安装手写板、麦克风等工具，使用手写板和绘图工具，对教学过程进行演示；再次，通过屏幕录像软件录制教学过程并配音；最后，可以进行必要的编辑和美化。这类微课程中教师一般不出现在视频中。

⑥数字故事型

数字故事型微课程就由数字故事（digital storytelling）发布为视频而产生的课程。数字故事是用数字化的方式表达故事，以文字、图像、声音、动画等多媒体元素，创造可视化故事的过程。数字故事作品作为一种喜闻乐见的教学方式被众多一线教师采用，在学习、制作过程中，教师不仅能学会常用的教学软件的使用，借以提升自身信息技术素养，也可以将教学故事的可视化用以表达教学内容与知识点。数字故事型微课程主要用于学校的德育工作、课堂教学情境创设、校园文化建设和学生高级思维能力培养中。数字故事作为一种教学策略在教学中也得到了广泛应用。数字故事型微课程由教师自己制作，通常使用PPT软件进行制作，根据自己当前的教学目标，设计故事主线，并收集和加工相关的图片、视频、音乐、动画等素材，按照讲述故事的形式制成3~5分钟的 PPT 课件，然后把 PPT 课件发布为视频而形成的一种微课程形式。

值得注意的是，一节微课程作品一般只对应于某一种微课程类型，但也可以同时属于两种或两种以上的微课程类型的组合，其分类不是唯一的，应该保留一定的开放性。同时，随着现代教育教学理论的不断发展，教学方法和手段的不断创新，微课程类型也不是一成不变的，需要教师在教学实践中不断发展和完善。表 4.4 中显示了不同教学法适用的微课程类型．

表 4.4　微课程的分类及适用范围

分类依据	教学方法	微课程类型	适用范围
以语言传递信息为主的方法	讲授法	讲授类	适用于教师运用口头语言向学生传授知识（如描绘情境、叙述事实、解释概念、论证原理和阐明规律）。这是最常见最主要的一种微课程类型
	谈话法	问答类	适用于教师按一定的教学要求向学生提出问题，要求学生回答，并通过问答的形式来引导学生获取或巩固检查知识
	启发法	启发类	适用于教师在教学过程中根据教学任务和学习的客观规律，从学生的实际出发，采用多种方式，以启发学生的思维为核心，调动学生的学习主动性和积极性，促使他们生动活泼地学习
	讨论法	讨论类	适用于在教师的指导下，由全班或小组围绕某一种中心问题通过发表各自意见和看法，共同研讨，相互启发，集思广益地进行学习
以直接感知为主的方法	演示法	演示类	适用于教师在课堂教学时，把实物或直观教具展示给学生看，或者做示范性的实验，或通过现代教学手段，通过实际观察获得感性知识以说明和印证所传授知识
以实际训练为主的方法	练习法	练习类	适用于学生在教师的指导下，依靠自觉的控制和校正，反复地完成一定动作或活动方式，借以形成技能、技巧或行为习惯。尤其适合工具性学科（如语文、外语、数学等）和技能性学科（如体育、音乐、美术等）
	实验法	实验类	适用于学生在教师的指导下，使用一定的设备和材料，通过控制条件的操作过程，引起实验对象的某些变化，从观察这些现象的变化中获取新知识或验证知识。在物理、化学、生物、地理和自然常识等学科的教学中，实验类微课程较为常见
以欣赏活动为主的教学方法	表演法	表演类	适用于在教师的引导下，组织学生对教学内容进行戏剧化的模仿表演和再现，以达到学习交流和娱乐的目的，促进审美感受和提高学习兴趣。一般分为教师的示范表演和学生的自我表演两种

（3）课件制作

优秀的课件首先要具有正确的内容、严密的逻辑、清晰的层次，同时要符合学习者的认知规律，在此基础上还要注重艺术性。以往课件主要应用于课堂教学环境，而微课程主要面对一对一学习环境，因此在进行微课程课件制作时需要注意以下几点。

第一，内容更加完整详细。在传统课堂教学中，课件是教师讲课和提高课堂效率的辅助工具，用于提示重点言语，课件不是辅助工具，而是完整呈现教学内容的重要载体。不同于班级授课制，微课程主要用于学生自学，因此课件内容应更加完整详细，以保证学习者在自学过程中不会因缺少教师及时的辅导而无法顺利进行。

第二，脚本设计。课件设计不仅包括 PPT 等课件内容的设计，还包括语言脚本的设计。对于实际操作类课程，语言脚本更为重要。教师应提前准备好对应画面设计的语言脚本。语言脚本在微视频制作过程中对教师起提示作用，编写脚本的详细程度则根据教师需要而定。

第三，字号不宜太大。学习者一般利用计算机、平板电脑等设备进行微课程学习，因此课件内容的字号不宜太大，而且应以适应各种移动设备的最佳字号为宜。一般情况下，如果是制作 PPT 课件，主标题宜在 60~80 号字范围内，副标题宜在 20~40 号字范围内，正文字体宜控制在 40 号字左右。

第四，视觉化表达。微课程的课件制作应更注重教学内容的视觉化表达，这样有助于学习者在短时间内记忆和理解知识。可利用图表等工具将文字和数据视觉化，但切记不要过度，否则将会影响实际教学内容的准确传达，进而干扰学习的过程。

需要强调的是，微课程的课件制作应以教学内容为出发点，综合使用多种工具，如普及率较高的 PowerPoint 类思维导图缩放式演示工具 Prezi，交互性课件制作工具 Articulate 等，都是值得推荐的课件制作工具。

（4）视频录制

视频可从视觉和听觉两个方面同时刺激学习者，以增强学习效果，它是最受学习者欢迎的媒体元素。就微视频的时长而言，最好控制在 6 分钟以内。由于学习者观看视频不只是被动地接受，因此可以通过在视频内嵌入交互操作的方式帮助学习者有效深入地参与到学习过程中。在具体的实现上，可在微视频内嵌入暂停按钮、热区跳转按钮、测试等，为教学中提问、拓展、建构、测试等重要交互环节提供可行的技术支持，以满足学习者个性化、非线性的学习需求，并有效监控学习过程。微视频中的学习互动功能主要分为三类。

（1）暂停交互。提问是引发学生思考的重要策略，在自主学习过程中给学习者留下充足的时间进行思考是必需的。教师可以在视频中提示学习者自动点击播放或暂停键来控制视频播放进度并引导学习者思考。课程问题需要教师精心设计，避免通过灌输的教学方式来传授知识，可以通过不断提问引发学习者的深度思考，并逐渐向学习者渗透思考和解决问题的思维方法。

（2）测试交互。及时的测试与反馈对自主学习过程具有良好的调控作用。视频中加入测试交互可以为学习者营造一种"闯关式"的学习体验，并且能帮助学习者不断检验知识的掌握情况。这是一种常用的学习过程监控手段。此外，在视频内加入测试题也能有效防止学习者在学习过程中迷航，进而保证自主学习过程的流畅性。由于微视频的时长比较短，因此测试题的数量不宜过多。

（3）画面热点交互。画面热点交互主要是指通过鼠标单击画面的某个部分，视频会自动跳转到其他时间点、网页链接、其他相关视频片段等。这种交互方式使原本线性的微视频学习转变成个性化非线性的学习。另外，画面热点交互使学习者与视频内容紧密地互动起来，更具灵活性，也将学习指导单、辅助资源等其他要素有机融合在微视频中，从而保证学习过程的灵活性和有效性。这种交互方式还可以将不同的微课程通过网页跳转连接起来，进而形成个性化的微课程学习路径和知识体系。

（4）后期加工

对于前期拍摄的视频，使用专业软件进行整合处理。专业的后期加工主要有以下三部分内容：

组接镜头，即编辑剪辑，将单独的画面有逻辑、有构思、有意识、有创意和有规律地连贯在一起，形成镜头组接。一部好的微课是由许多镜头合乎逻辑地有节奏地组接在一起，从而阐释或叙述某件事情的发生和发展的技巧。

特效的制作，如镜头的特殊转场效果、淡入淡出以及圈出圈入等，还包括动画以及3D特殊效果的使用。

声音的处理与文字添加。

（5）微课程资源整合输出

一个完整的微课程必须包含有微视频，还应该有与微视频相关的若干辅助性部分，如"微教案""微课件""微习题""微反思"及学习支持系统，这样才能构成一个完整的教学环境，这是微课程与其他视频资源的最大区别。一个微课程系统有教师、学生、微课程和教学组织。从单个分散的微课程开发，逐步走向高集成、规模化、系统化微课程资源开发及应用是微课程发展的必然趋势。微课程资源可以通过微信平台进行发布、管理和交流，也可以将微课程资源上传到 MOOC 平台（如 Udemy）中进行管理和使用，当然，也可以搭建自己的微课程平台，通过这些管理平台可以查看学生人数和学习信息，及时回复反馈，也可以对微课程中的图片、声音和视频资源进行更新，学习者可以通过这些平台进行学习资源的分享与学习互动。

3. 微课程开发（制作）的典型方法

（一）外部视频工具拍摄（摄像机＋黑板或电子白板）

1. 工具与软件：摄像机、黑板（电子白板）、粉笔、其他教学演示工具。

2. 方法描述：对整个教学过程的同步摄像。

3. 过程简述：

（1）针对微课程主题，进行详细的教学设计，形成完整的教学过程方案。

（2）利用黑板或电子白板展开教学过程，利用便携式录像机将整个过程拍摄下来。

（3）对视频进行简单的后期制作，可以进行必要的编辑和美化。

优势：可以录制教师授课的全部画面，教师按照日常习惯讲课，无须改变习惯，黑板上的内容与教师画面同步。

不足：需要专门的演播环境，设备和环境造价较高，需要多人合力才能完成微课程的录制，效率低，后期编辑需要专业人士配合。

（二）便携视频工具简单拍摄（移动端设备＋白纸）

1. 工具与软件：可进行视频摄像的手机或 iPad 等移动端设备、备用白纸、几支不同颜色的笔、相关主题的教案等。

2. 方法描述：使用可移动便携式摄像工具对纸笔结合演算、书写的教学过程进行录制。

3. 过程简述：

（1）针对微课程主题，进行详细的教学设计，形成完整的教学过程方案。

（2）教师用笔在白纸上展现出教学过程，可以采用画图、书写、标记等行为，在他人的帮助下，用移动端设备将教学过程拍摄下来。尽量保证语音清晰、画面稳定、演算过程逻辑性强，解答或教授过程明了易懂。

（3）对视频进行简单的后期制作，可以进行必要的编辑和美化。

优势：工具随手可得。

不足：录制效果粗糙，声音和画面效果较差，只能表现手写的内容，无法实现其他多种媒体文件的效果。

（三）屏幕录制（屏幕录制软件 +PPT）

1.工具与软件：电脑、耳麦（附带话筒）、屏幕录像软件 Camtasia Studio 或微讲台等微课程制作系统，PPTt 文档。

2.方法描述：对 PPT 演示进行屏幕录制过程中，辅以录音和字幕。

3.过程简述：

（1）针对所选定的教学主题，搜集教学材料和媒体素材，制作 PPT 课件。

（2）在电脑屏幕上同时打开屏幕录像软件 Camtasia Studio 或"微讲台"微课程制作系统、教学 PPT，授课者戴好耳麦，调整好话筒的位置和音量，并调整好 PPT 界面和录屏界面的位置后，单击"录制桌面"按钮，开始录制，授课者一边演示一边讲解，可以配合标记工具或其他多媒体软件或素材，尽量使教学过程生动有趣。

（3）对录制完成后的教学视频进行必要的编辑处理和美化。

优势：屏幕录制微课程较快捷、方便，个人 PC 电脑上即可实现。

不足：Camtasia Studio 软件的应用较复杂，不支持直接手写，全程只能通过鼠标完成所有操作，要实现手写功能还需安装和启动手写设备的配套软件，对教学应用缺乏一定的针对性。

（四）专业微课程制作软件（专业微课程制作软件 + 手写设备）

1.工具与软件：专业微课程制作软件以"微讲台"微课程制作系统为代表，配合数码手写笔或者手写板实现手写原笔迹录制。

2.方法描述：通过"微讲台"微课程制作系统对教学过程进行讲解演示，并同步录制，可以实现片段式的录制。

3.过程简述：

（1）针对微课程主题，进行详细的教学设计，形成完整的教学过程方案。

（2）在"微讲台"软件里做好各类教学对象（支持多种多媒体对象）的布局。

（3）通过"微讲台"微课程制作系统同步录制教学过程。

（4）对视频进行简单的必要的编辑和美化。

优势："微讲台"微课程制作系统操作简单，使用风格符合用户习惯；灵活调用各种教学资源、素材；真实还原黑板授课模式；轻松实现语音和视频的合成和编辑、轻松生成多种格式的视频文件。

不足："微讲台"软件功能在视频编辑功能上还不如专业的视频编辑软件强大。

4. 开发（制作）阶段的工作结果

开发（制作）阶段的工作结果是制作完成的若干个微课程视频。

4.3.5 微课程实施（应用）阶段

1. 实施（应用）阶段的内容和目标

微课程的实施效果直接决定了微课程的使用价值。在微课程的实施（应用）阶段，要考虑微课程的使用方式。

2. 实施（应用）阶段的重点内容

事实上，微课程自诞生以来，其丰富的适用性一直受到称赞。在国外，微课程在翻转课堂和MOOC中均得到了广泛的应用。除此之外，微课程在移动课堂和微课堂中的作用也不容小觑。对于每一种应用场景，我们都需要进行有针对性的设计。下面我们以微课堂中的微课程应用为例进行分析。

微课程的价值不在于其作为一个微视频资源，而主要体现在一种学习方式的转变，即微学习时代的重要学习内容。因此，应该按照微学习时代学习方式来构建微课程学习体系，最终促进微课程的实施（应用）。

微学习体系包括纵向和横向两个部分（图4.13）。从纵向来看，微学习体系包括微搜索、微课堂和微锦囊三个部分，分别解决学习过程中的"是什么"、"为什么"和"怎么办"三个问题，三个部分是一个由浅入深的过程，三者之间相互关联，一脉相承。例如，以出售旧的固定资产的税务处理问题为例，在微搜索中提供国家税务总局相关的文件规定；在微课堂中提供关于该知识点的具体讲解；在微锦囊中提供企业中如何对于出售旧的固定资产进行税收筹划。这样，围绕这一个知识点，可以使学习者有一个全方位的知识掌握，某种程度上实现了交互式学习。

从横向来看，微搜索、微课堂和微锦囊三部分又各成体系。例如，微搜索是以百科问答形式，提供一般性问题的解答；微课堂是核心内容，以微课程的形式，强调碎片化、活动性与情境性的学习。各个微课程组成不同的学习单元，这样可以使学习者对于某一方面的学习内容有一个系统化的掌握；微锦囊是基于实践工作的问题解决方案，通过大量的微锦囊，可以解决学习者工作中的各种难题。

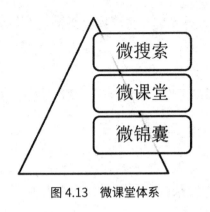

图 4.13　微课堂体系

3. 实施（应用）阶段的工作结果

撰写微课程实施计划书。

4.4 微课程开发质量标准与质量控制

关于微课程的多元理解和多样化制作方式，为其在国内的本土化发展提供了一片包容性极强的土地，在如火如荼的微课程建设大潮中，我们看到许多体现微课程优点的好作品，但是也有大量集中反映微课程短板甚至粗制滥造的作品，如果在分析和设计阶段没有质量标准作为依据，对分析和开发过程不加以质量控制与评价反馈，则容易出现以下问题。

设计及开发过程中站在教师"教"的立场，而不是以学生学习为出发点，缺乏真实问题情境设计、学习任务单设计和教学活动设计；选题过大或者过小，或是显性的教学知识而不是聚焦教学的重点难点；将微课程等同于课堂实录；知识点划分得过细或没有前后承接；过分追求可视化、动态化和趣味性；将学习者的注意力从内容转移到呈现形式上，偏离了学习目标。出现以上问题的表象是没有以"学习者需求为中心"的角度去分析和开发微课程，根本原因是在微课程的设计、开发过程中缺乏可依据的质量标准体系，难以对微课程产品进行"事前""事中""事后"控制。如何避免粗制滥造的微课程产品出现，可以参考 ISO9000 系列的管理思想，通过建立质量标准体系，对微课程成品进行过程控制、预防为主和持续改进。

因此，在微课程分析阶段和设计阶段实施质量标准的意义在于：（1）强调以学习者需求为中心的理念。（2）确保课程开发和设计团队内各职能和层次人员的职责权限以及相互关系，并从教育、培训、技能和经验等方面明确各类人员的能力要求，以确保他们是胜任的，通过全员参与到整个质量体系的建立、运行和维持活动中，以保证课程设计与开发各环节的顺利运作。（3）明确控制可能产生不合格课程的各个环节，对于产生的不合格课程元素进行隔离、处置，通过纠正或预防措施防止不合格发生或再次发生。

本报告内设计的关于微课程开发的 **DDIae** 模型，将分析和评价渗透到设计、开发和应用的三个阶段中，正是在微课程建设与应用的过程中持续不断地进行质量监控的具体体现，而只有依据"标准化"进行产品的质量控制，才能保证产品质量，因此有必要整合行业企业的力量，深入研究微课程的设计理念、原则和策略以及评价标准，初步建立微课程开发质量标准与质量控制体系（图 4.14）。

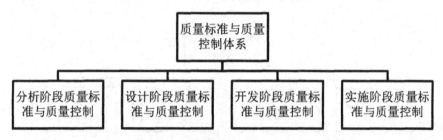

图 4.14　微课程开发质量标准与质量控制体系

根据微课程开发质量标准与质量控制体系，我们确定微课程制作质量标准进行质量控制的步骤（图 4.15）

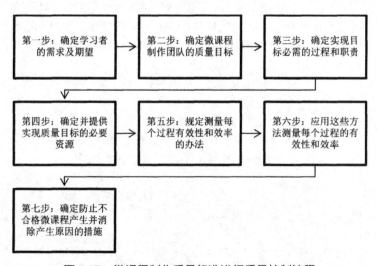

图 4.15　微课程制作质量标准进行质量控制流程

4.4.1 微课程开发质量标准

高质量的课程开发标准既是开发人员实施课程开发的依据，又是评价开发结果，进行课程开发质量控制的依据。高质量的课程开发标准是在课程开发过程中不断总结形成的，同时参考了同行业质量标准以及客户用户体验之后形成的标准体系，不是静态的，是一个不断调整和完善的工作。可以说，制定微课程开发质量标准本身就是对微课程进行优化设计的结果。

1. 微课程分析阶段质量标准

我们认为分析阶段的质量标准体系主要包括学习者需求分析标准、学习者特征分析标准、学习内容分析标准和资源及约束条件分析标准（图4.16）。同时制定出微课程分析阶段质量标准指标体系（见表4.5）。

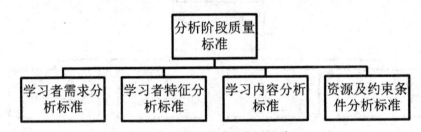

图 4.16　微课程分析阶段质量标准体系

表 4.5　微课程分析阶段质量标准指标体系

一级指标	二级指标	内涵说明
学习者需求分析	充分了解学习者信息加工风格	通过恰当的工具和测量方法充分了解学习者信息加工风格：用归纳法呈现内容时，学习效果佳；喜欢在训练材料中有大量正面强化手段；喜欢使用训练材料主动学习；喜欢自定学习步调
	充分了解学习者感官偏好	通过恰当的工具和测量方法了解学习者接受感知和刺激所用的感官偏好：视觉型：通过动态视觉刺激（如电视电影）学习效果最佳；听觉型：喜欢通过听觉刺激（如听讲录音）学习效果最佳；动态综合型：喜欢多种刺激同时作用的学习
	关注情感需求	学习者是否需要经常鼓励和安慰；是否能自主激发学习动机；是否具有坚持不懈及负责精神
	关注社会性需求	喜欢与同龄学生一起学习；喜欢向同龄学生学习；希望得到同龄学生的赞许
	关注学习环境与情绪的需求	学习者是否喜欢有背景声或音乐、喜欢弱光和低反差、喜欢视觉上的隔离状态等

一级指标	二级指标	内涵说明
学习者特征分析标准	重要性	运用推论法或者设计法准确地评估学习者特征列表，注意审视每一项是否与需要解决的教学需求、教学组织程序和策略相关
	有用性	正确地选择需要评估的学习者特征要素
	相关性	针对在教学过程中有学习困难的学习者而不是全体进行教学
	完整性	对学习者学习准备进行充分、完整的分析：充分了解微课程学习者先决知识、技能和学习态度；包括人口统计学特征、生理特征（能够关注到不同年龄层次及性别特征会导致学习者兴趣不同）；先前习得的知识（了解其与拟开发课程知识点相关的专业背景）；先前学得的技能（读、写、计算机及网络技能）与经验；已有的学习态度
	一致性	对学习者学习风格进行分析评测，保证后期设计的一致性
学习内容分析标准	具备预备技能	了解学习者是否具备了新的学习所必须掌握的知识与技能
	内容聚焦	学习内容聚焦、突出重难点，减少无关性认知负荷，增加相关性认知负荷
	科学正确	教学内容严谨，无科学性错误
	逻辑清晰	学习内容的组织与编排符合学习者的认知逻辑规律，过程主线清晰、重点突出，逻辑性强，明了易懂
	掌握目标技能	了解学习者是否已经掌握或部分掌握了教学目标中要求学会的知识与技能
资源及约束条件分析标准	合理规划时间及制作周期	根据学习者需求及其他相关时间节点，倒推出分析、设计、开发、实施与评价的时间节点，并预留出每一阶段质量控制 – 改进的时间
	有合作精神及职业胜任力的开发团队	根据各项工作需要寻找有职业胜任力及团队合作精神的人员参与微课程开发制作团队
	恰当地选择开发工具	录制方法与开发工具是否可以自由组合。如用手写板、电子白板、黑板、白纸、PPT、iPad、录屏软件、手机、DV摄像机、数码相机等制作
	辅助资源供应及时、充足	微课程制作的软硬件设备是否能够及时、充足供应

2. 微课程设计阶段质量标准

教学设计是微课程教学的关键和核心，教学设计是否合理，设计水平的高低直接决定了微课程的质量。以下主要从微课程设计中的内容和形式两个方面构建微课程设计阶段质量标准体系（见表4.6）。

表4.6　微课程设计质量标准指标体系

一级指标	二级指标	内涵说明
内容	结构完整	结构准确完整，内容新颖，逻辑清晰，有完整的学习路径
	选题精练	内容具体，能够实践操作，针对一个问题以小见大，具有唯一性和不可拆分性
	教学目标明确	明确微课程的学习目标和学习要求，言简意赅地告知学习者学什么、做什么，掌握哪些思路、方法和技巧
	内容完整	包括课程引导、内容讲述、总结、思考与练习等内容
	课程引入	形式新颖，能够巧妙地引出知识点的教学内容
	语言简洁	语言表述规范、简洁，关键词句突出
	内容具有引导性	词句有引导性，有课程导航，有引导性的教学策略
	内容具有反思性	内容分析深刻，反思自身在教学实践中遇到的问题，并在情感上产生共鸣
	资源引用	引用资料正确，注明文字、图片和声音等信息来源，没有侵权行为
	内容原创	内容是作者原创，从实践中发现问题、剖析问题，进而提出解决方法和策略
形式	匹配性	表现形式与课程内容高度匹配，选择恰当的表现形式
	交互性	进行情境化设计，有增强教学交互的具体措施
	艺术性	符合学习者的学习习惯，较强的客户体验
	一致性	片头、片尾和主体内容的形式风格统一

3. 微课程开发（制作）阶段质量标准

微课程开发（制作）阶段是对课程设计阶段成果的落实和实现阶段，同样是微课程质量的重要影响因素。需要说明的是，课程设计和开发是密不可分的，二者要密切沟通和协作，才能出色地完成开发工作。所谓细节决定成败，开发（制作）中的每一个细节都可能影响课程质量。

（一）多媒体课件制作标准

多媒体课件是微课程中的重要组成部分，教师在录制微课程视频资源之前应对授课过程中使用的多媒体课件（如PPT、音视频、动画等）认真检查，确保内容无误，排版格式规范，版面简洁清晰，符合拍摄要求。在拍摄时应该针对实际情况选择适当的拍摄方式，与后期制作统筹策划，确保最终成片中的多媒体演示及板书完整、清晰。以常用到的 PPT 制作为例，具体的制作标准要求如下：

1．基本技术指标

（1）字号：

标题字号：标题字号是 44 号，一级文本 32 号，二级文本 28 号，最好不要有三级文本。

正文字号：40±6 用于正文基本叙述（特殊情况例外）。

突出字号：需要重点强调的字或句，可大也可小。如果同页出现大小不同的字，反差控制在 ±20 以内，比如小的 40，最大不得超出 60，防止反差过大。

行间距：行距 1.3～1.5 倍，段间距大于行间距。

（2）字体：醒目，字体粗，看得清

鼓励：方正综艺体、黑体、方正超粗黑简体等。

少用：宋体、隶书、行书等。

（3）字数与速度

每页最多字数 35 字，一页不超过五个要点，每个要点字数越少越好，页面上下左右有 1cm 的留白。如超字数则分批动画呈现或明暗呈现。

播放速度（每秒字）：5～6 字。

特殊页面、思考页面、过渡页面都控制在 3～5 秒。

（4）模板与背景

基本板：纯白底黑字或黑底白字；特殊时：红色、黄色等可用，但不做主体色。

（5）图画与布局：

微课程可分为下面三种布局，风格尽可能统一。

A.画图板：画为主

绘本板：画中加字，画中套字，适合于经典故事。

小人书版：字画分离，上图下字或上字下图，图画 80%，字占 20%；适合于电影、经典故事。同一页一般不出现两幅图。

B.文字板：字为主

字画板：以字为主，有图做点缀。（图：不用动画）

纯文字版。

C.混合板：介于上述二者之间。

（6）音乐

尽量选择轻音乐

2. 内容设计

A：PPT 是主要核心内容，边角的东西可以通过教师的嘴跟动作表达出来，对于照本宣科读 PPT 的微课跟优秀微课没有任何关联。

B：PPT 内容设计要有启发性。

C：PPT 内容设计要有悬念性。

D：内容设计做到动静结合、图文并茂，充分利用 PTT 的动作效果，可以给人动态感、空间感的美，图版率在 50% ~ 90%；插图表现出的亲和力要比照片好，照片表现出的专业性要比插图好。

3. 版面设计

A. 首页与封面设计：最好采用 PPT 的首页作为封面，这样可以一目了然地知道知识点与作者。第一张 PPT 作为微课的"脸面"，应当有以下清晰的"五官"，额头：如果是系列微课，可以在这说明；眼睛：简明扼要的微课标题；鼻子：作者及单位；嘴巴：学科学段、章节及教材；耳朵：边饰，缺乏了边饰则显得有些古板、单调，不建议在这里放置教师画面。

B. 背景：就好似人的皮肤，尽量以素雅为主，能烘托字体，不能太艳丽，如果跟人的皮肤一样浓妆艳抹，则凸显了内容的苍白无力。表现力最强的图片：如脸部图片，适合表现主题，但不适合做背景；而表现力最弱的图片如云海，适合做背景，但不适合做主题。

C. 中间页：最顶上可以写着知识点的小点，一目了然，中间则放置主题内容，右下角或左下角留出空白，以放置教师画面，同时不挡住文字。背景应当比首页更加简单，但是不推荐没有背景或是某种纯色的背景，太素颜也不好。

D. 尾页设计：可以加入感谢语、微课题目、欢迎观看其他微课等语言，此页不建议加入教师画面。

4. 美学设计

A. 整个 PPT 当中，应当是 50% 文字，20% 图片，30% 空白。

B. 整个 PPT 文字颜色不要超过 3 种，最好只使用黑色和白色 2 种颜色。

C. 上下一致，左右协调，PPT 的上半页与下半页内容数量差不多，不出现头重脚轻，不要出现一边重一边轻的现象，左半页与右半页协调。

D. 翻页动画可以有数种，但是不能太多，2 ~ 5 种翻页效果是合适的。

E. 审美不疲劳，不要出现连续的好几张全部是图片或者全部是文字。

（二）微课程教师讲授及内容标准

1. 讲师形象大方、自然、得体。

2. 声音洪亮、有节奏感，语言富有感染力。

3. 片头不超过 10 秒，介绍课程及主讲人相关信息。

4. 内容标准：

（1）微课视频长度在 5~8 分钟，不超过 10 分钟，符合学生注意力特点。

（2）精心设计讲课脚本，讲解精练、路径合理，重点突出。

（3）内容风趣、幽默、情境化，学生沉浸感强。

（4）适当提问，引发思考，留白，关键点重点提示。

（5）尽量减少视频中的干扰因素。

（6）可以包含相应的扩展学习资源，如检查学生学习效果的自测题，微课范例的原文件、微课学习所需要的基础知识、微课内容相关的其他学习资料等。

（7）在同一课程中，各讲之间要有整体性，内容容量和时间长短基本一致，技术参数统一。

5. 录制场所要求：

视频录制场地可以是演播室、教室或会议室等场地。录制现场要光线充足、环境安静、整洁，避免在镜头中出现有广告嫌疑或与课程无关的标示等内容。现场是否安排学生互动可根据录制需要自行决定。

（三）微课程制作技术标准

1. 视频资源总体要求

（1）稳定性：全片图像同步性能稳定，无失步现象，CTL 同步控制信号必须连续；图像无抖动跳跃，色彩无突变，编辑点处图像稳定。

（2）信噪比：图像信噪比不低于 55dB，无明显杂波。

（3）色调：白平衡正确，无明显偏色，多机拍摄的镜头衔接处无明显色差。

（4）视频电平：视频全讯号幅度为 1Vp-p，最大不超过 1.1Vp-p；其中，消隐电平为 0V 时，白电平幅度 0.7Vp-p，同步信号 –0.3V，色同步信号幅度 0.3Vp-p（以消隐线上下对称），全片一致。

2. 音频信号源总体要求

（1）声道：中文内容音频信号记录于第 1 声道，音乐、音效、同期声记录于第 2 声道，若有其他文字解说记录于第 3 声道（如录音设备无第 3 声道，则记录于第 2 声道）。

（2）电平指标：–2db ~ –8db 声音应无明显失真，放音过冲、过弱。

（3）音频信噪比不低于 48db。

（4）声音和画面要求同步，无交流声或其他杂音等缺陷。

（5）伴音清晰、饱满、圆润，无失真、噪声杂音干扰、音量忽大忽小现象。解说声与现场声无明显比例失调，解说声与背景音乐无明显比例失调。

3. 分类制作技术标准

从目前来看，微课基本上分摄像拍摄类、屏幕录制类、其他软件类及混合制作类四种，对于常见四类的微课制作方法，对应的要求如下：

（1）摄像部分技术要求（包括数码录制和录播室录制）

教师可借助专业摄像机、数码 DV、数码相机、智能手机、电脑摄像头等一切具有视频摄录功能的设备，将自己的教学过程场景拍摄记录下来。摄像部分的技术要求如下：

①视频压缩采用 H.264 格式编码，视频格式为 MP4 及 FLV 格式。

②视频码流率：动态码流的最高码率不高于 2000Kbps，最低码率不得低于 1024Kbps。

③视频质量要求图像稳定、对焦清晰、构图合理、镜头运用恰当。

④视频分辨率：分辨率一般为设定为 720×576、1280×720。

⑤在同一课程中，各讲的视频分辨率应统一，不得标清和高清混用。

⑥视频帧率为 25 帧 / 秒，扫描方式采用逐行扫描。

⑦声音采用双声道，要求清晰、饱满、圆润，无失真、噪声杂音干扰、音量忽大忽小现象。解说声与背景音乐无明显比例失调。

（2）录屏部分技术要求

通过录屏软件内录可安装屏幕录制软件（如 Camtasia Studio 等免费录屏软件），或交互白板自带摄录软件、手写板和声音输入设备登录，同步录制教师在电脑屏幕上演示、操作、讲解的授课内容和声音，或者用 PowerPoint 软件同步配音制作。这种方式适合于数理化等注重逻辑推理演算过程的教学内容，可以由教师一个人操作完成。技术标准如下：

①录屏的分辨率一般采用 1024×768 或 1280×720。请事先调整分辨率，不要高分辨率录制，低分辨率输出。同时，尽量不要出现特殊的分辨率。

②如果要用视频混合制作，建议采用与视频分辨率最接近的分辨率，使合

成后效果最好。

③录制 PPT 时，请将 PPT 事先调整为适合长宽比（1024×768 录制时，用 4：3；1280×720 录制时，用录制时不留黑边）。

④声音采用双声道，要求清晰，杂音，音量适中，解说声与背景音乐无明显比例失调。

⑤录屏的输出最后转成 MP4 格式。

（3）多媒体软件制作类要求

如利用动画软件（FLASH、MAYA、3DMAX 等）、视频制作软件等多媒体软件制作，也可以由 StoryLine、Captivate 等课件制作工具制作而成。但输出必须支持在网络上运行，或生成标准的 SCORM 标准课程包格式。制作要求如下。

①如果没有交互性内容，要求输出 MP4 视频或 FLV 格式，要求每个微课都使用单个文件输出，要能够在网上在线学习。

②如果存在交互性学习内容，必须符合 SCORM，即可共享内容对象参考模型或共享元件参照模式。

③主体部分采用 800×600、1024×768 等通用分辨率，以便在各种显示器上得到最佳效果。

④动画清晰、流畅，声音清晰，与画面同步。

（4）混合类微课要求

综合运用以上几种方式，通过拍摄、内录、制作、合成等形成微课教学视频。例如，教师将自己设计制作的教学动画（flash、Gif 动画课件）输出合成视频格式；或通过自动播放的方式内录自己制作的 PPT 课件内容（声音可提前录制也可在播放时同步讲解）。需遵循以下要求：

①视频、屏幕录制或软件制作均采用相同的分辨率制作，宽高比统一为 16：9。

②混合视频中各组成视频（摄像拍摄、录屏、软件制作）的制作要求参照前三种标准。

③画面清晰、流畅，声音清晰，前后音量大小一致。

④最后制作输出 MP4 或 FLV 格式。

教师可根据教学内容、兴趣爱好等实际情况自行选择以上录制方式中的一种，并自行确定是否在微课视频中出现本人影像等。

（四）微课程输出质量标准

1. 视频文件压缩格式及技术参数

（1）视频压缩采用 H.264 格式编码。

（2）视频码流率：动态码流的最高码率不高于 2000Kbps，最低码率不得低于 1024Kbps。

（3）视频分辨率：

①若前期采用标清 4：3 拍摄，请设定分辨率为 640×480；若前期采用标清 16：9 拍摄，请设定为 1280×720。

②在同一课程中，各讲的视频分辨率应保持统一，不得将标清和高清混用。

（4）视频画幅宽高比：

①分辨率若设定为 640×480，选定宽高比为 4：3；若分辨率设定为 1280×720，则选定 16：9。

②在同一课程中，各讲应统一画幅的宽高比，不得混用。

2. 音频压缩格式及技术参数

（1）音频压缩采用 H.264 格式编码。

（2）采样率 48KHz。

（3）音频码流率 128Kbps（恒定）。

（4）必须是双声道，必须做混音处理。

3. 输出文件总体要求

（1）视频画面清晰，保持连贯性。

（2）声音清晰可辨，杂音、噪音不明显。

（3）教学过程内容完整、准确。

（4）微课程结构流畅合理，其中包括微课程名称指向明确，片头、片尾言简意赅，多媒体呈现逻辑严谨，字幕及背景音乐清晰可辨。

（5）互动形式多样。

（6）时长大小合适。

4. 微课程实施（应用）阶段质量标准

正如本报告内一直强调的，微课程的制作不是以"欣赏"为目的，而是强调应用。因此，实现教学目标，教学效果良好，得到学习者认可的微课程，在实施（应用）阶段也应该具备必要的质量标准（见表 4.7）。

表 4.7 微课程实施（应用）阶段质量标准指标体系

一级指标	二级指标	内涵说明
教学效果	教学目标高度达成	完成设定的教学目标，有效解决实际教学问题，促进学生思维的提升、能力的提高
	学习者满意度高	学生在教师的指导下，积极主动参与，80% 以上的学生掌握了有效的学习方法，获得了知识，发展了能力，有积极的情感体验
应用评价	评价导向正确	参与微课程评价的主体应多元化，由学科课程专家、教学技术专家、微课程学习者等共同组成
	评价主体多元化	教学技术专家对教学设计、学习环境创设等方面进行评价，学科课程专家则针对教学内容进行评价；微课程学习者对学习体验、教学效果方面进行评价
	评价指标完备	定性与定量评价相结合，整合各方面信息，提高评价的信度与效度
	评价结果客观	通过真实数据的统计与分析，在一定程度上可以避免评价者主观经验的影响，提高评价结果的客观性、真实性
反馈（反思）		经验总结与问题分析相结合
		反思问题捕捉准确，针对性强
		反思对改进微课程建设有价值，且具有可操作性的改进策略

4.4.2 微课程开发人员的胜任能力

微课程开发人员的胜任能力是影响微课程质量的关键要素。由于微课程与传统学习资源有很大的差异，因此开发人员除了具备一般课程开发的能力外，还要具备与微课程特征相关的能力。以下主要介绍教师和课程制作人员需要具备哪些能力。

1. 对于教师的胜任能力

对于参与微课程开发工作的教师，主要是负责课程设计和课程中部分内容的讲授任务。

（一）在课程设计中，教师应该具备的能力

1. 熟悉各种教学媒介的特征，可以根据不同的教学或学习需要，采用多种媒介形式来呈现教学和学习内容，而非仅限于视频。

2. 具备由"点"状知识（知识点）之间动态建构的课程体系的能力。

3. 具备根据课程内容选择课程表现形式的能力。

4.具备知识创新（生）能力。能够根据教学内容，发掘出具有"知识价值"的微课程开发对象，并进行聚焦、提炼，萃取可以用来表现的知识点。

5.具备网络学习时代的教学方式和教学策略。

（二）在课程讲授中，讲师应该具备的能力

1.讲课风格生动活泼，能够吸引学习者的注意力。

2.语言表达清晰，言简意赅。

2.对于课程制作人员的能力

1.能够充分理解信息技术对微课程的关键作用，具有主动运用信息技术手段优化微课程的意识。

2.熟悉各多媒体教学环境的设备与功能，熟练操作设备与系统各项功能。

3.掌握移动设备、录屏软件等制作微课程常用工具，熟悉其功能及特点，并能熟练应用。

4.能够通过多种途径获取微课程相关数字资源，掌握加工、制作和美化微课程的工具与方法技巧。

5.可以利用技术手段整合多种多媒体资源，实现微课程最优化。

6.能够依据微课程内容和技术条件，选择适当的微课程制作方法，找准运用信息技术手段解决微课程制作中遇到的问题。

4.5 微课程设计与开发举例

4.5.1 微课程的基本情况

财务报表分析是一门实用性和应用性很强的课程，对学习者的工作和生活都有很大的帮助。财务报表分析不仅教授学生财务报表分析的基本原理和方法，还通过实际案例为学生提供鲜活的学习资料。考虑到财务分析案例的时效性，本课程在传统学习资源建设的基础上，通过开发微课程，将最新的学习内容展现给学习者。

本次设计开发了80讲微课程，命名为"跟我一起读财报"，既是对课程内容的有机补充，同时还能够单独成为体系，全面系统地阐释财务报表分析的主体内容。该系列课程主要通过案例分析的方式，以通俗的语言对财务报表进行全方位解读。原有课程资源主要侧重理论讲解，深入浅出地展示出财务报表的"秘密"和"魅力"，让学习者能够理解报表，读懂报表，会在实际投资决策中应用报表分析的技能。

"跟我一起读财报"系列微课的设计思路为：通过案例分析的形式，将财务报表分析中的理念、思路、技巧分享给学习者。每一讲围绕一个财务报表项目，层层剖析，全方位展现该项目对财务决策的影响和意义。本系列课程通过讲故事的形式，将整个课程内容反映出来。主要特色在于语言生活化，非常利于理解，没有深奥的理论，能够实现活学活用。

4.5.2 微课程的脚本设计

在"跟我一起读财报"系列微课的设计和开发过程中，脚本的撰写至关重要。脚本不仅是课程主要内容的载体，同时也是课程设计者和开发者进行沟通和交流的通道。下面通过"如何理解财务报表之间的关系"这一讲，来展开脚本的撰写和修改过程。

1. 原始初稿撰写

第三讲　财务报表之间的关系

通过上一讲介绍财务报表演变历史可知，财务报表已经进入了"四表一注"的时期。这一讲我们要对几张主要报表进行一个总体介绍。在讲具体内容之前，首先要澄清一个问题。最近经常听到有朋友抱怨，说你们会计怎么搞的，把原来简单的财务报表搞得越来越复杂，让人越来越看不懂，是不是有点"故弄玄虚"。诚然，目前的报表确实是相当复杂，不仅报表项目众多，各种勾稽关系也让许多非财务人士头晕目眩。但财务报表是服务于报表阅读者的，目的是让其了解企业的经营状况并进行客观分析。财务报表之所以变得复杂，源于现实中企业的经济活动变得复杂而多样，财务报表只是力求客观、全面地对其进行描述。正所谓"经济越发展，会计越重要"，"经营越丰富，报表越复杂"。

一、财务报表告诉了我们什么

要了解一个企业的经营活动情况，至少要从三个方面了解：一是企业财务状况；二是企业的经营成果；三是企业的现金流量。说得通俗一点，将企业比作一个家庭，一是我的家底如何，厚实不厚实，有多少财产？这些财产中多少是我自己的，多少是从别人那里借来的？资产负债表反映的就是企业的财务状况即"家底"，可将其形容为"底子"报表。二是一段时间内，企业是赚钱还是赔钱？赚多少、赔多少以及这些钱是怎么赚的和怎么赔的？利润表反映的就是企业的经营成果，看一看是否有"面子"，可将其形容为"面子"报表。

三是要搞清楚这一段时间企业手头有多少实实在在的钞票，企业的日子过得怎么样，是紧还是松？现金流量表反映的就是企业的现金流量，告诉我们企业的"日子"过得是否轻松，可将其称为"日子"报表。

二、财务报表之间的关系

如果说会计的艺术在于分类，那么财务报表的魅力在于蕴含的各种勾稽关系。正如企业的各项经济活动密不可分一样，财务报表中蕴含着各种关系，既有报表之间的勾稽关系，又有报表中不同项目的勾稽关系。如果不清楚勾稽关系就很难掌握财务分析的技能，财务报表分析的魅力在于在千丝万缕关系中探寻答案。下面我们首先介绍一下不同报表之间的关系。总体来看，企业的经济活动包括投资活动、筹资活动和经营活动。三张报表从不同角度展示了企业经济活动。其中，资产负债表是一张静态的报表，在这张报表的左侧，展示了企业的投资活动，右侧展示了企业的筹资活动，包括外部筹资和内部筹资两部分。利润表和资产负债表是两张动态报表，分别展示了企业的盈利过程和现金流动过程。

1.我们先来看一看资产负债表同利润表之间的"勾稽关系"。

资产负债表同损益表之间的关系主要是资产负债表中未分配利润的期末数减去期初数，应该等于利润表未分配的利润项，因为，资产负债表是一个时点报表，而损益表是一个时期报表，两个不同时点之间就是一段时期，这两个时点上未分配利润的差额，应该等于这段时期内未分配利润的增量。这一关系可以通过以下等式来表示：资产＝负债＋所有者权益（收入－费用－利润分配），其中，未分配利润＝收入－费用－利润分配。由此看来，利润表中的"未分配利润"项目最终会成为对资产负债表中所有者权益的贡献。而且，根据等式两边同增原则，所有者权益中未分配利润的增加，表现为资产中相关项目的增加，可能是"真金白银"——货币资金，也可能是"一纸承诺"——应收账款或应收票据。这样的一种结果，虽然对企业的"面子"和"底子"并无差别，但企业的"日子"却差异显著。

2.再来看一看资产负债表同现金流量表之间的"勾稽关系"。

资产负债表同现金流量表之间的关系，主要是资产负债表的货币资金项目的期末数减去期初数，应该等于现金流量表最后的现金及现金等价物净流量，资产负债表是一个时点报表，现金流量表是一个时期报表，表间关系的原理同上。应该说以上这样相等只是近似相等。因为资产负债表中的"货币资金"和现金流量表中的"现金及现金等价物"是不完全一致的。具体内容我们会在后续内容中再来讲述。

3. 至于利润表与现金流量表之间的关系，要通过很多的运算才可以说明，比较复杂。

利润表与现金流量表实际上都是反映一段时间内企业的经营成果。区别在于利润表是根据"权责发生制"原则进行计量的，即不管本期企业收入是否收到或者费用是否实际支付，都确认为本期的收入或费用；现金流量表是根据"收付实现制"原则进行确认和计量的，即只要是本期收到的就确认为收入，只要是本期支付的就确认费用。这也是为什么企业的净利润和净现金流量可能会存在很大差异的原因。

三、财务报表关系给我们带来的启示与思考

（一）联系机理——是耦合还是补充

以上我们简单地介绍了三张报表之间的一些联系，需要说明的是，这种联系是模糊的而非十分精确的。这时候我们会思考一个问题，这种关系是一种天然联系还是一种人为设计？

虽然我们力图通过三张报表为报表使用者提供一张完整的企业经济活动图画，但事实上并未达到预期。从报表产生的过程来看，三张报表之间的关系更像是一种补充关系而非实现内在耦合，这也是报表存在的缺陷。

（二）三驾马车——是制约还是佐证

三张报表如同并驾齐驱的三驾马车，相互之间既是一种制约又是一种佐证。

例如，通过对某企业资产负债表分析，发现该企业流动比率较低，资产负债率较高。仅从该报表可能会得出该企业风险较高的结论。但如果结合企业的利润表和现金流量表会发现，该企业盈利能力和现金流量质量都很高。综合这些因素，以及结合企业的经营模式和发展战略，可能会得出不一样的结论。

此外，由于报表之间的关联性，各个报表相互之间可以进行制约。例如，如果虚增企业资产，虽然美化了资产负债表，但会增加企业的折旧或摊销费用，或者企业的其他相关成本，势必会影响利润表中企业业绩；同理，企业如果虚增利润，最终会影响企业资产负债表中资产的质量。

最后，有些公司为了卖个好价钱，虚增资产或者隐瞒债务，这些公司想方设法做虚假的会计报表，但是这些报表"会说话"，压下葫芦按起瓢，一头沉下来必然有一头翘上去。当企业编造一个谎言的时候，他会编制其他的谎言来圆满，谎言多了就会自相矛盾。我们在读这些报表时，把这些明显的标志读出来，练就火眼金睛，还原一个真实的财务报表，以利于我们的决策。

2. 脚本修改过程

以下是与开发技术人员沟通中的部分截图。

第三讲　财务报表之间的关系

片头语：

通过上一讲中，关于财务报表演变历史的介绍，我们可以知道，财务报表已经进入了"四表一注"的时期。而在这一讲中，我们则主要会针对几张主要的报表来给大家做一个总体介绍。

导入：

生活中，我们经常听到有朋友抱怨，说你们会计怎么搞的，把原来简单地财务报表搞的越来越复杂，让人越来越看不懂，是不是有点"故弄玄虚"啊。

诚然，现在我们所接触到的财务报表确实是相当的复杂，不仅报表项目众多，就连这其中的各种勾稽关系也让许多非财务人士感到头晕目眩。

但这里要澄清一个问题是，财务报表是服务于报表阅读者的，它存在的目的就是要让报表阅读者能够及时了解企业的经营状况并且依据报表进行客观分析。我们说，财务报表之所以变得越来越复杂，其实主要是源于现实中企业的经济活动变得越来越复杂而多样，而财务报表只是力求能够做到客观、全面的对这些越来越复杂而多样的经济活动进行描述罢了。

> 批注 [n1]：脚本中的错别字、串场词和一些语句的描述，都已经做过修改，没有用特殊颜色或批注标注，朗读时若觉得没有问题，则可以直接作为旁白录音脚本使用。
>
> 但是仍然有一些部分需要老师确认，是否需要进行调整修改，这些部分都已加入批注，请老师审核。

> 批注 [n2]：请老师确认，这个名词在之前的学习中是否已经教授过了？对于零基础的学习者来说，这个名词可能有些难懂，如果在之前的学习中，没有提及这个词的话，可能需要在这里做一个解释说明，会比较好理解。

正所谓"经济越发展，会计越重要"，"经营越丰富，报表越复杂"。可见，报表阅读者一定要将报表数字与企业的经济活动紧密结合起来，才能够通过透视报表来了解到企业背后的故事。

所以，如果我们把财务报表分析比作一项武功，那么要想做到武功高强，就必须要做到"内外兼修"。这里我们所说的，内也就是我们常说的内功，其实指的就是对报表项目的内涵有深入理解。而这里所说的外，也就是我们常说的外功，指的则是对各种分析指标能够进行熟练的应用。

知识学习：

那么下面，我们就主要从"内功"得角度来了解一下三张报表以及这三张报表之间的关系。

知识点1.

首先我们要先弄清楚，财务报表究竟告诉了我们什么？

我们说，要了解一个企业的经营活动情况，至少要从三个方面进行了解：

> 批注 [n3]：请老师确认，【三张报表】这个说法，在之前的学习中是否已经普及了？或者已经是一个专业固有名词？如果是第一次提及，学习者可能会比较迷茫，不知道是哪三张报表。

月准备了好多存货，下个月的支出就会少很多了，但是这里，大家需要注意，公司的月底现金余额一定要为正数！如果公司月底现金余额为0，就是传说中可怕的资金链断裂了，也就意味着你的公司可能要面临倒闭了！所以我们常说，现金流量表可是衡量公司是否良性发展的重要指标！公司的日子究竟过的怎样，其实就要看它的表现了。

怎么样，这样解释一番之后，大家是不是对于这三张报表已经有了一个初步的认识了呢？其实，简单的说就是，通过"底子"报表，"面子"报表和"日子"报表这三张报表，我们就可以从整体上先把握清楚一个企业的经营活动情况了。

知识点2.

好，明白了财务报表究竟告诉了我们什么以后，接着，我们再来了解一下这些财务报表之间的关系。

财务报表之间其实蕴含着各种各样的关系，既有报表间的勾稽关系，又有报表中不同项目间的勾稽关系。那么这里，我们重点来介绍一下不同报表之间的勾稽关系。

总体来看，企业的经济活动包括投资活动、筹资活动和经营活动。而三张报表就是从不同角度展示了企业经济活动。其中，资产负债表是一张静态的报表，在这张报表的左侧，展示了企业的投资活动，右侧展示了企业的筹资活动，包括外部筹资和内部筹资两部分。利润表和资产负债表是两张动态报表，分别展示了企业的盈利过程和现金流动过程。

片尾延伸：

3.最终的定稿

第三讲　财务报表之间的关系

片头语：

上一讲我们介绍了财务报表的演变历史，我们知道，财务报表已经进入了"四表一注"时期。那么在这一讲中，我们则主要通过对资产负债表、利润表和现金流量表三张报表之间的关系分析，让大家对整个财务报表体系有一个全面的理解。

导入：

平时经常听到有朋友抱怨，说你们会计怎么搞的，把原来简单的财务报表搞得越来越复杂，让人越来越看不懂，是不是有点"故弄玄虚"。

是呀，现在我们所接触到的财务报表确实是相当复杂，不仅报表项目众多，而且各种项目之间的关系也错综复杂，真是"剪不断理还乱"，就连一些专业的财务人士也常常会感到头晕目眩，烦躁不已。

而财务报表变得越来越复杂，真的是会计人员"故弄玄虚"吗？其实，这还真有些冤枉。在现实生活中，企业的经济活动变得越来越复杂多样，而财务报表只是如实地反映企业的经济活动，所以，企业多元化经营的结果就必然会带来财务报表的日趋复杂。想一想我们自己吧，随着时代的发展，个人投资理财早就已经成为我们生活中的一部分了，那么对于企业而言也是如此。要管理好一个企业，就必然要了解企业在经营和投资上的各种错综复杂的变化，再加上大量金融工具和衍生金融工具的出现，如果将这些都反映在财务报表上，也就不难理解为什么报表阅读者会觉得像是在"雾里看花"啦！

那么，面对日趋复杂的财务报表，分析者如何能够保持一份冷静和定力，弄清楚报表中蕴含的各种复杂关系则成了关键。这就犹如要在复杂的"案情"面前捋出一条清晰的"线索"，否则，则会深陷于茫茫的数字海洋之中不能自拔。

知识学习：

如果说会计的艺术在于分类，那么财务报表的魅力就在于这其中蕴含的各种勾稽关系。正如企业的各项经济活动密不可分一样，财务报表中也蕴含着各种关系，既有报表之间的勾稽关系，又有报表中不同项目之间的勾稽关系。那么下面我们就主要来了解一下资产负债表、利润表和现金流量表三张报表之间的关系。

知识点 1：三张报表之间的联动关系

我们从企业的资金周转出发来看，一般企业经营活动都是遵循着"现金→原材料→产成品→应收账款→现金"这样一个基本价值循环的。它涵盖了采购支付、生产投料、产品产出、销售实现、货款回收等整个经营环节，其资金占用形态的变化，在资产负债表中就表现为资产的价值。

同时，与此相关的流量数据，也就是反映时期流转规模的动态数据，则分别计入了利润表和现金流量表，与时点数的资产负债表构成互补关系。其中，现金的流动计入本期现金流量表，收入和费用计入本期利润表，利润最终转化为所有者权益。由此可见，资产负债表是"源"和"果"，利润表和现金流量表是"流"和"因"，三者之间具有相互解释和说明的作用，也由此构成了期初、本期流转、期末三者之间的不间断连接（如图 4.17）。

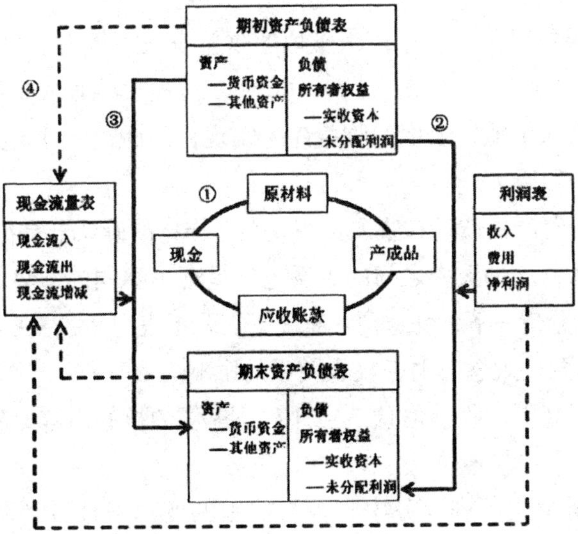

图 4.17　资产负债表、利润表和现金流量表之间关系

知识点 2：观念与角度。资产负债观 VS 收入费用观

通过以上的分析，我们知道，三张报表相互联系，构建了一个财务报表体系。那么在这个体系中，三张报表的地位是否相同，是否有所侧重呢？

要想回答这个问题，取决于我们在什么观念下来看待它们之间的关系了。而这种观念，一种是"资产负债观"，另一种是"收入费用观"，它们都是我们进行财务报表披露的"指导思想"。

资产负债观和收入费用观的区别之一在于对损益的确认。资产负债观认为，企业的损益是企业期末净资产比期初净资产的净增长额，即企业的损益是基于资产和负债的变动来计量的，因此，当资产的价值增加或负债的价值减少时才会产生收益。损益的计算公式为：损益 =（期末资产 – 期末负债）–（期初资产 – 期初负债）– 投资者投入 + 向投资者分配。

而收入费用观，则是通过收入与费用的直接配比来计量企业损益的，通常我们需要先确认收入和费用，然后才能据此计算损益。在这里，损益的计算公式为：损益 = 收入 – 支出。

举个简单的例子来说就是：

例如，我的企业于年初购置了一宗土地，面积为 15000 平方米，是通过城镇土地出让而取得的。土地出让金为 1000 元 / 平方米，拆迁费为 500 元 / 平方米，土地开发成本为 500 元 / 平方米。年末该宗土地公允价值为 2200 元 / 平方米。

那么，按照资产负债观，该宗土地的收益应该（等于）=15000 × ［2200-（1000+500+500）］=（也就是）3000000 元。但是按照收入费用观的话，由于企业尚未处置该宗土地，土地的收益尚未实现，因此，会计上无须确认该宗土地的任何收益。

由此可见，资产负债观和收入费用观在对损益的确认上是存在很大区别的。而不同的观念下，三张报表之间的关系也就呈现出不同的态势了。所以，接下来我们就一起来分析一下，在这两种态度下三张报表之间的关系有什么不同。

知识点 3：两种观念对财务报表关系的影响

在收入费用观下，收益信息是会计对外提供的核心内容，利润表在整个财务报表体系中处于主导地位。

此时，根据企业经济业务中收入与费用的变动来计量利润，不仅操作性强，而且还可提供各种性质的收益明细资料。而这个时候资产负债表则成了利润表的过渡性报表，在报表体系中处于次要地位。

收入费用观在很长一段时间内都是我们进行报表披露的主要指导思想，但它带来的影响也是不容小觑的。影响之一就是导致财务报表质量不高，不能反映企业真实盈利水平。在利润表中反映的企业盈利大量被人为制造，甚至虚假操纵利润的情况也很常见。可以说，利润表是这些虚假利润的"主谋"，而资产负债表则是其"帮凶"。

举例说明：企业要想"制造"100 万元的利润，可以通过两种途径：一是多计入 100 万元收入；二是少计入 100 万元费用。如果增加 100 万元收入，可以通过提前确认收入或者虚构收入的形式来实现，其结果必然导致资产负债表中资产项目的虚增或负债项目的虚减。同理，如果利润表少计入 100 万元费用，则可以采用递延、应计、摊销和分配等会计程序，作为跨期项目暂记到资产负债表中，待到以后会计期间再逐步转入到相应的利润表中。从而造成资产负债表中出现了一些本质上是费用、收益或损失的项目却被当作资产、负债和所有者权益项目加以列示。

可见，这样一来，资产负债表已经俨然成了企业制造利润的"蓄水池"。这种被"注水"后的财务报表中，报表数字含有大量水分，利润表中的账面利润只是一种"纸面富贵"，利润表的"虚假繁荣"更是会误导投资者的决策。

而在资产负债观下，资产和负债的信息是会计对外提供的核心内容，资产负债表在整个财务报表中处于主导地位。此时，收益的确定主要是通过对期初和期末资产和负债的计量来实现的，利润表则成了对资产负债表收益信息的补充与说明。也就是说资产负债表成了产生利润和现金流的根本，而利润表和现金流量表则是由其衍生出来的链接两个不同时点资产负债表的纽带。

所以在资产负债观下，重视资产负债表，尤其重视资产的质量，就在无形中增加了企业给报表注水的难度。而资产负债表所带来的"脱虚入实"，也进一步提高了利润表中的盈利质量。

知识点4

从收入费用观到资产负债观：一种价值理性的回归

长期以来，以收入费用观为中心的财务报表体系广受诟病。从世界范围来看，由收入费用观转向资产负债观已经成了大势所趋。而我国也已经在2016年出台新会计准则时，重新确立了资产负债观在会计准则中的指导地位。

可以说，目前我国正处于收入费用观向资产负债观的过渡时期，所以，在会计确认、计量和披露中很多时候都能见到二者共存的影子。改革正在路上，但需要改变的不仅只是会计本身，投资者的理念也同样需要更新。"鱼和熊掌不可兼得"，一个理性的投资者应该摒弃"利益至上""唯利是图"的短视行为，更加关注企业的财务质量和管理质量，重视资产负债表的分析。因此，"收入费用观"向"资产负债观"的转变也可以视为一种价值理性的回归，它最大限度地减少了人为操纵利润的可能，有助于资本市场的健康发展。而投资者的理性，也会在一定程度上抑制企业进行虚假披露的动机。

所以说，财务报表在某种程度上也成了投资者与企业经营者之间的一张关系图。一张报表，乍看上去，满眼都是数字，但静下心来仔细琢磨，你会发现，它散发出的其实是耐人寻味的哲理。

片尾延伸：

好了，通过本讲的内容，我们已经清楚地了解了三张报表之间的关系。也就犹如练就了一双"火眼金睛"，对于那些报表之间隐藏的秘密也就具备了能够有效识别的基本技能。

那么在最后，我们再来思考一个问题，这些报表之间究竟隐藏了那些秘密呢？而这些秘密我们究竟应该怎样利用我们练就的"火眼金睛"来一一看穿呢？

别着急，在接下来的学习中，我们就会一一为大家揭晓了，我们下期见！

4. 微课程的画面呈现（如图 4.18）

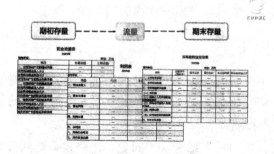

图 4.18　微课程呈现效果

5. 数字化时代网络课程的设计与开发

5.1 网络课程的设计与开发基本思路

5.1.1 网络课程概述

网络课程就是通过网络表现的某门学科的教学内容及实施的教学活动的总和，是信息时代条件下课程新的表现形式。它包括按一定的教学目标、教学策略组织起来的教学内容和网络教学支撑环境。其中，网络教学支撑环境特指支持网络教学的软件工具、教学资源以及在网络教学平台上实施的教学活动。网络课程具有交互性、共享性、开放性、协作性和自主性等基本特征。

网络课程伴随 Web 技术发展，经历了 Web 1.0 网络课程、Web 2.0 网络课程和 Web 3.0 网络课程三个发展阶段。

1.Web 1.0 网络课程阶段

Web 技术产生于 19 世纪 90 年代，它使网络资源通过超链接相互连接，从而实现人类海量资源的互联与共享，这就是人们后来称的 Web 1.0 技术。Web 1.0 的本质是信息的聚集、联合、搜索，其典型应用是通过众多门户网站的开发聚合大量的网络信息，即将互联网上产生的巨量、庞杂的信息通过各个网站及网站中的链接连接在一起，形成一个整体，用户通过浏览网站或利用搜索引擎获取信息。Web 1.0 解决了信息缺乏的问题，网络信息从此开始急剧膨胀，通过超级链接或搜索引擎，网络联通了信息孤岛。但是，Web 1.0 是一个静态的网络，由于技术的限制，广大的网络用户扮演了一个单纯的信息接收者的角色，而各大网站承担着信息组织和发布的任务。

基于 Web 1.0 开发的网络课程是我国第一代网络课程，对于我国开展远程在线教育发挥了重要作用。Web 1.0 网络课程是以文本、图片、影像为主要交互媒体，以 E-mail、BBS、留言板等为主要交互方式组织起来的网络课程。在课程内容区设计了教学教案、教学课件、教学录像、课内资源、课外资源、作业作品、辅助工具等系列学习资源栏目，包括文本、图形、声音、视频和动画等多样化媒体的资源。

受制于 Web 1.0 技术，Web 1.0 网络课程主要是以资源展示型的网络课程，即把分散的数字化学习资源，按照一定的学习目标，设定一定的学习路径，提供给学习者进行观看和学习。相对于后面逐步发展的网络课程，Web 1.0 网络课程基本不具有交互性和个性化学习，学习者的学习偏好、学习空间都受到很大的限制。

2.Web 2.0 网络课程阶段

Web 2.0 是互联网技术又一次革命性的技术升级，是网络技术发展的必然产物。Web 2.0 是与互联网有关的一系列技术发展到一定阶段、应用的门槛逐步降低、技术与需求得以方便地结合从而产生的一次大规模的应用普及，深刻影响着经济、文化、教育、思想理念和社会生活等方面[①]。

Web 2.0 网络课程是根据以学生为中心的指导理念，以博客、Tag、SNS、RSS、Wiki 等社会软件的应用为核心，依据六度分隔、XML、Ajax 等新理论和技术实现的新一代网络课程。Web 2.0 网络课程的自主学习是逐渐强调个性化学习。网络课程能够依据学生具体的学习情况和学习能力为其安排学习内容。同时，网络课程资源也是不断变化、不断增加的，随着学生学习的深入，学习资源不断成熟和完善。在 Web 2.0 网络课程中，学生可以通过讨论区、博客、Wiki 将自己所掌握的教育资源进行发布，和其他学生进行资源交流、学习讨论，实现自主学习资源的累积。

3.Web 3.0 网络课程阶段

Web 3.0 是在 Web 2.0 的基础上发展起来的，同样是由思想的革命带动了技术的应用与发展。Web 3.0 主要特征是：（1）高度的信息聚合。各网站内的信息可以直接和其他网站相关信息进行交互，能通过第三方平台同时对多家网站的信息进行整合。（2）精准的智能搜索。网络能够模拟人的思维方式对信息进行阅读和组织，能够直接回答用户的提问，显示准确的查询结果。（3）个性化的信息。用户具有高度的自主权，可以根据自己的兴趣、爱好构建个性化的信息平台，通过云计算、云存储等理念和技术，可以更大程度上摆脱本地软硬件的局限，通过一个简单的浏览器入口就可以接入网络实现各种复杂的操作，享受各类信息服务。（4）多种终端兼容。互联网与各种通信设施融合，使用户

---

① 崔维响 . 基于 Web2.0 的网络课程设计 [D] . 济南：山东师范大学硕士论文，2009：29-30.

可以不受时间地点的限制通过电脑、手机、PDA、机顶盒等各种智能终端享受即时交互的信息服务，使网络无处不在。

Web 3.0 网络课程阶段，不仅在交互性、智能性和个性化等方面相较于 Web 2.0 阶段有了进一步的发展，更为重要的是，其更加强调学习的生态性，即建立起一个以学习者为中心的学习生态体系。Web 3.0 网络课程不断打破不同学习方式的边界，不同学习场景的界限，将线上与线下相融合、数字化学习与传统物理化学习相融合，逐步实现学习者学习自由的目标。

表 5.1　不同阶段网络课程的对比

不同阶段	特征	学习特点	知识信息传输	智能化程度
Web1.0 阶段	学习资源型	标准化	单向	较低
Web2.0 阶段	学习活动型	个性化	双向	一般
Web3.0 阶段	学习生态型	自由化	双向	较高

5.1.2 网络课程的生态化设计理念

目前，我国正在使用的网络课程基本处于从 Web 2.0 向 Web 3.0 过渡的阶段，在突出知识实用性的基础上，网络课程更加突出个性化、智能化和生态化，尤其是生态化的教学理念，更加突出学习者与教师和学习资源之间的协调发展，突出学习者的体验感和获得感，成为现在以及未来网络课程资源设计中重点考虑的原则。

生态化教学设计，重视资源的生态特征与属性，在生态主义思想的指导下进行教学设计。强调资源的联系与整体性、动态与发展性、开放与成长性。将教学资源作为一个生态系统来设计、开发与维护[①]。为了维持生态系统的活力与生机，生态化的教学设计需要遵循以下原则。

1. 突出交互性设计

教学中交互设计，重点是教师与学习者、学习者与学习者之间以及学习者与学习资源之间的交互设计，包括个体化的交互和社会性的交互。通过对现有的网络课程进行分析，发现教学中的交互性实现难度非常大，交互的效果不是很理想。其中重要的原因是，在交互设计过程中出现了问题，不同交互对象之间缺乏明确的利益共同点，导致在教学过程中交互的动力不足。因此，在交互

---

① 张立新，张丽霞．生态化网络课程的设计理念［J］．电化教育研究，2011（6）：70-71．

设计时要充分考虑学习者的特征、学习环境的特征以及要设计有效的学习活动即交互情境。

针对网络课程中的交互性设计，通常要经过四个阶段：交互设计的前端分析阶段、交互环境设计阶段、交互活动的组织管理策略设计阶段和交互活动的评价反馈阶段。

2. 预设资源与生成性资源并重的原则

预设性资源强调资源开发的计划性、预期性和规范性，生成性教学资源突出资源开发的随机性、衍生性和不确定性。可以说，几乎所有的教学资源都具有预设和生成双重属性。如果没有一个预先设定的框架，资源会显得杂乱无章，没有整体性，但是如果过分强调预设性，会导致资源失去活力。因此，在资源的设计和开发过程中，要根据资源的用途合理安排两种性质的资源的分布，给学习者营造出一种既严谨又活泼、既丰富又清晰的学习环境。

3. 兼顾课程的共性与个性的原则

课程的共性表现为面向全体学习者提出的共同的课程目标、课程内容、课程活动和课程进度，是在课程实施前预先设计而形成的。它要求教学按照统一的标准和进度开展，因而可以最大限度地提高教学的效率。但是过分强调统一，往往会使教学失去活力，显得机械、呆板。

生态主义课程理论根据知识的生命性和情境性特点，提出课程与教学应该具有个性化特征。知识是个体在活动过程中通过与外界相互作用而主动建构的，知识的意义因人而异、因物而异，知识具有生命性；课程知识不是纯粹客观化、普遍化的符号，而是情境中的意义，课程知识具有情境性，离开特定的境域，就难以生成和建构新的课程知识。

在网络课程的设计中，要兼顾好课程资源的共性和个性，尤其是根据资源的属性合理分配好两种性质的资源。此外，还要注意充分利用智能化的手段，实现共性学习资源根据学习者的需求转化为个性化的学习资源。

4. 共建共享的原则

生态主义教学理论认为，教学应该是师生之间、学生之间相互分享的过程，不应该只是单向的学生分享教师的经验。因此，在生态化的学习资源体系中，学习者、教师和资源开发者之间是平等互利的关系，为了维持学习生态系统的稳定性、发展性和可持续性，每个利益主体都有责任和义务贡献不同形式的学习资源。在网络课程的设计与开发过程中，要充分建立共建共享机制，发挥不同角色成员的主动性和创造性，使他们都真正成为学习生态系统的维护者和受益者。

5.2《基础会计》网络课程的设计与开发

《基础会计》是国家开放大学开放教育（专科）会计学、工商管理、金融等专业的一门统设必修课，是阐明会计学基本原理的课程。通过本课程的学习，使学生掌握会计学的基本理论、基本方法和基本技能，熟练掌握和运用各种会计核算方法，包括设置会计科目与账户、复式记账、填制与审核会计凭证、登记会计账簿、财产清查和编制会计报表。

5.2.1 课程总体设计

1. 课程设计理念

《基础会计》网络课程遵循远程教育规律和成人学习特点，适应国家开放大学"创新课程建设观念，为学习者提供集学习资源、学习活动、形成性评价和学习支持服务等于一体的网络课程"的课程建设要求，在课程设计的过程中，充分考虑学科的特点和学生的学习需求，遵循以下原则进行教学策略的设计：

第一，学生中心原则。

本课程主要是针对在职的成人学生，为了适应学生学习的特点，以学生为中心，服从学生需要，在内容的设计上我们力求精简。

第二，互动原则。

最新的网络媒体为我们提供了更好的互动机会，同时交流也是促进学的重要手段之一，而学生是学习的主角，也是资源应用的主角，同时更是资源的贡献者，网络课程在设计的过程中突出交互式内容，包括论坛、作业资源形式的设计，让学生之间有相互交流学习的互动机会。

第三，合理引导原则。

为了激发学生学习的积极性，本课程设计了精彩的学习引导，用实际工作环境中的分工对话等形式进行学习引导，贯穿整个学习过程。

第四，简单易用原则。

为了避免网络课程的资源信息量过大导致学生迷航，因此在设计栏目时，充分考虑运用新技术媒体时要适应学生的接受能力，尽可能采用简单清晰的设计界面，简化层次，使导航清楚，本课程在首页中明确地显示出课程的章节情况以及知识点数量和相应的形考任务，一目了然，所见即所得，确保学生充分理解并乐意接受，达到方便学生使用的目的。

2. 网络课程结构

基础会计课程分为三个主要部分，并提供不同的学习路径。

第一，系统学习路径。

系统性学习主要是指以章节学习为单位进行课程学习，每个章节内容分为三个学习层次：引言、跟着情景学习、课后小结与练习（本章图例、本章小结、本章练习）。

（1）引言：根据本章的内容特点，结合工作中的实际情况，采用不同方式的引导，使其对学习内容产生浓厚的兴趣，从而更加投入地进行知识内容学习。

（2）跟着情景学习：通过情景引导的方式，将每个章节的知识点合理地引导出来。知识点的学习中，又通过更为生动形象的工作对话形式将主要内容引导出来，可以让学生更好地联系实际工作。内容呈现上采用文本、图片、视频结合的形式，将学习者需要掌握的知识讲透。

（3）课后小结与练习：将章节中的重要图例汇总，章节主要内容进行小结，并且提供本章练习题，让学生能够细化知识内容之后再总体回顾知识内容。

第二，选择性学习路径。

（1）形考任务：此栏目为学生提供了本课程全部的形考任务，并且提供相关的入口，方便学生学习测评。基本形式有阶段性学习测验、学习记录等。

（2）图例汇总：这是本课程的特色栏目，汇总课程中所有图例。

（3）选择性学习资源：汇集了与课程相关的各类教学资源。

第三，辅助性学习区域。

包括学习进度、设置、导航、通讯录、在线用户、支持服务等，为学习者开展网络自主学习提供完善的支持服务体系。网络课程的主页面如图5.1所示。

图 5.1　网络课程主页面

3．教学设计过程和教学策略

（1）教学设计过程：

为更好地实现基础会计网络核心课程的功用，实现良好的教学效果，在建设过程中，我们是以一般教学模式为基础，结合网络教学的特点，采取以下教学设计过程来进行网络核心课程建设的。

①进行前期分析，包括学习者分析和学习内容分析。

②结合教学目标，制定教学策略。

③根据教学策略和教学素材，组织网络课程内容。

④结合网络课程内容、媒体特点开发交互式网络核心课程。

⑤总结性评价与反馈（形成性评价贯穿整个课程）。

⑥学习内容及课程展现形式的修改。

（2）教学策略：

基于基础会计课程的教学内容与课程特点的分析，本课程采用"导、讲、练、评"式教学策略。学习者按照"学习引导→重难点学习→边学边练"的流程逐步完成各单元知识的学习。为更好地激发学习兴趣，以及对重要知识点的掌握，在重要的知识点后设计合适的作业，要求学习者参与网上的讨论或填制会计账簿从而达到学习目的。

5.2.2 网络课程内容和教学资源

1. 课程教学文件

本课程的教学文件包括课程教学大纲、课程考核说明、辅导教师教学指南等，均可以在网络课程中下载使用，如图 5.2 所示。

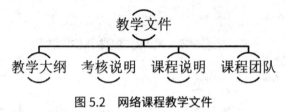

图 5.2　网络课程教学文件

2. 教学内容

网络课程教学内容根据课程目标和课程教学大纲的要求分为八章，覆盖课程所有知识点，如表 5.2 所示。

表 5.2　课程教学内容

章节	主题	学习内容和要求
第一章	绪论	重点掌握会计的含义，会计的目标，会计的职能，会计核算环节与方法；一般了解会计的产生和发展，其他会计管理方法和会计学科体系
第二章	会计要素和会计等式	重点掌握会计对象和会计要素的概念，各要素的确认与计量规则，会计要素的具体内容，会计等式的概念和具体内容
第三章	账户和复式记账	理解账户的含义和会计科目的设置，账户与会计科目的关系，复式记账法的基本原理；掌握账户和会计科目的分类，掌握借贷记账法的账户结构、记账规则、会计分录的书写和试算平衡表的编制
第四章	借贷记账法的应用	掌握会计核算的基本前提的具体内容并理解各自含义，借贷记账法下企业筹资、采购、生产、销售、利润基本业务的会计核算
第五章	会计凭证和账簿	重点掌握会计凭证在会计核算中的作用，原始凭证的填制要求和审核，记账凭证的种类和编制，账簿的设置和登记，账簿记录的试算平衡，记账错误的更正，以及账簿的结账与对账；一般了解会计凭证的传递和保管

章节	主题	学习内容和要求
第六章	期末账项调整和结账	理解调账的原理，对账的含义；掌握权责发生制和收付实现制的含义，各类账项调整的会计处理，财产清查的含义和种类，财产清查结果的账务处理，结账业务的核算；了解财产清查的组织和方法
第七章	财务报表	理解什么是财务报表，编制财务报表的原因，会计信息的质量要求，所有者权益变动表和现金流量表的基本结构；掌握财务报表的内容和分类，资产负债表基本结构原理及其编制方法，利润表基本结构原理及其编制方法
第八章	会计工作组织	了解会计工作组织的意义和原则，会计机构的设置和会计人员的任职要求、职责权限，电算化会计情况下的会计工作组织；理解会计人员职业道德的内容，会计法律规范体系与内容；掌握内部会计控制制度的制定原则和具体内容

3. 栏目设置

（1）首页面栏目，如表 5.3 所示。

表 5.3 网络课程首页面栏目介绍

	栏目名称	内容和形式
系统学习栏目	课程名称	呈现本课程名称，以文字和相关元素共同展示，形成课程特色
	课程导学（学习指南）	帮助学习者了解课程的定位、目标、学习资源和学习方法、考试安排，对学习者学习过程进行指导
	学习内容	对教师而言，系统学习区是教师设计内容、组织教学的主要区域，教师可以进行模板的选择、教学资源和教学活动的设计、对学习者的辅导 对学习者而言，系统学习区是学习者浏览学习资源、参与教学互动、完成学习任务的主要区域
	支持服务	为学生提供服务信息，方便学生提问
选择性学习栏目	通知公告	动态更新课程相关的教学活动、教学信息等
	形考任务	此栏目为学生提供了本课程全部的形考任务，并且提供相关的入口，方便学生学习测评。基本形式有：阶段性学习测验、学习记录等
	图例汇总	这是本课程的特色栏目，汇总课程中所有图例

续表

	栏目名称	内容和形式
选择性学习栏目	案例学习	本栏汇总了一些经典的案例，使学习者可以联系实际工作和生活更好地运用课程知识
	视频课堂	按照章节的顺序，将课程视频汇总于此，方便学生更好地学习
	法律法规	一些与本课程相关的法律法规汇总在这个栏目
	常见问题	预设性的问题集合，学生可以搜索得到答案，在课程建设过程中会不断更新
	课程答疑	大家可以在这里提出自己不懂的问题，同学之间可以相互回答讨论，教师也可以参与一些棘手问题的回答
辅助性栏目	在线用户	当前处于在线状态的师生
	通讯录	课程中同学、教师的联系方式
	学习进度	对学习情况的跟踪
	设置	平台的编辑功能，对于不同的角色有不同的权限
	导航区	清晰显示当前系统学习区的学习路径和学习任务
	版权信息	制作单位对课程享有的权利

课程主页面整体风格干净、清新，简约时尚，能从视觉上引起学习者的兴趣。

（2）二级页面栏目

二级页面结构示意图如图 5.3 所示。

图 5.3　二级页面结构示意图

设计说明：

进入二级页面就进入了章节学习内容的主要页面，每一章是一个学习单元，每个单元的学习过程分为引言、跟着情境学习、课后小结与练习三个环节，将学习者的自主学习和教师的引导紧密结合起来，激发学习者学习的积极性，提高学习者获取知识、解决问题的能力。各环节具体设计为：

引言：根据本章的内容特点，结合工作中的实际情况，采用情景式引导，将学生带入真实的工作环境，使其对学习内容产生浓厚的兴趣，从而更加投入地进行知识内容学习。

跟着情景学习：引言后是学习的主要内容。这里和引言相互呼应，用情景诱导学生主动学习，用不同的情景合理地引出知识点内容，其中知识点主要呈现教材中的重难点内容；知识点中将课程文本内容及图文声像影等资源进行整合，增加交互环节，实现交互式、立体式学习。知识点具体特点包括：

①知识点划分合理，内容经过整理后呈现重点知识文本。能够给学生提供足够的学习资源的同时减轻学生学习的负担。

②采用"对话"的引导方式，将学生带入生动的学习环境，增加学习乐趣。

③设计"查看更多"这一功能，在知识内容精简后，也为学生提供了可以更加详细学习知识点内容的选择，学习者可根据自己的情况自主选择是否要学习这些内容，这样的双向选择可以为有更多时间和需求的学生提供足够的学习资源。

④紧密围绕课程内容特点，知识呈现上采用图文混排的形式，给学生提供更加直观、可视化的学习内容。

⑤关键的学习点配有相应的操作视频或者动画，以这种形式更加生动地展示知识内容，对于学生来说吸引力更强，并且更有利于学生结合工作中的实际情况来学习这些内容，达到学以致用的目的。

⑥最后为学生提供知识点之间的跳转和讨论环节，方便学生在不同知识点之间的转换，也为学生提供了便捷的讨论平台。

课后小结与练习：主要是对本章节图例的汇总以及学后的总结与练习。

①本章图例主要包括章节中出现的一些实例图表，因为会计课程内容有其独特性，这个栏目恰恰就是迎合课程特点和学生的学习需求而设计的，通过此栏目，同学们可以按照关键字搜索到自己想了解的图示。

②本章小结主要是对内容进行总结，让大家在学后能够及时回顾，看看自

己是否掌握了本章的要点，在期末复习的时候也可以以每章的小结作为提纲依据，回顾自己的学习成果。

③本章练习是对学习结果进行评价，根据知识类型的不同，课后练习包括针对基础知识的不同类型的测试题。

4. 教学资源

网络课程按照教学大纲的要求，覆盖了所有需要掌握的知识点，并依据知识点的重要、难易程度进行了划分。同时，依据资源的特质，利用了多种形式进行展示。另外，我们也从学生学习的实践需求出发，充分发挥网络学习的特点，建立了交互论坛、教学活动并链接了课外相关技术网站。

学习资源分为预设性资源和生成性资源。

（1）预设性资源

预设性资源的设计注重系统性与实用性。本课程汇聚了多种类型的预设性资源，如文字资源、视频资源、名词术语、问题库、试题库、课外技术网站等。

文字资源：包含教学文件、文字教材的核心内容。

视频资源：包括课程录像，约 1200 分钟。

图例汇总：这是本课程的特色栏目，汇总课程中所有图例。

案例学习：结合企业常见的经济业务，举例说明如何填制记账凭证，讲解形式包括视频讲解和图片讲解。

法律法规：介绍了与财务工作有关的法律法规，包括财政法律制度、会计法律制度、结算法律制度、内部控制制度、审计法律制度、税收法律制度等。

常见问题：将本课程典型的问题进行归类和汇总，提供了多种途径的检索方式。

（2）生成性资源

生成性资源属于拓展资源，旨在提供了课程知识系统学习以外的拓展性学习材料，供学习者开阔视野，丰富知识。

生成性资源需要在课程建设与实施过程中不断增添，课程论坛、技术论坛、工作案例、辅导教学设计等资源，尤其是后者，将是课程进入运行阶段后最主要的生成性资源来源。

5.2.3 网络课程教与学的实施过程

1. 导学

（1）课程导学

主要包括"学什么""怎么学""怎么考"三部分内容，如图 5.4 所示：主要是向学习者介绍课程的基本信息，课程的教学目标，知识结构，以及学习时应该采用什么样的方法和路径，此外还重点介绍课程的考核方式。通过"课程导学"栏目，学习者可以更加明确自己的学习方向。

（2）章导学

进入每一章具体内容学习之前，我们都会先通过引导语来了解这一章要学习的主要内容。此外，我们还通过卡通人物李强和艾老师之间的对话，掌握学习的准备知识。

引言

显示基本信息 ∨

我们马上就要开始进入基础会计的学习了，在学习具体内容之前，我们还是先对会计的发展历史、会计的目标、职有一个初步的了解，做到心中有数才能更好的进行后续知识的学习。万事开头难，调整好心态，我们马上开始学习

第一章绪论，请同学们跟着李强同学与艾老师的对话情境情景，开始本章的学习~

图 5.4　章导学

（3）知识点导学

进入知识点学习具体内容之前，我们会通过李强与相关人员的对话，了解我们要学习的主要内容（图 5.5）。

李强，今天我们一起学习会计核算的基本前提。

那什么是会计核算的基本前提呢？

会计核算的基本前提，也叫会计假设，是会计机构和会计人员在进行会计核算时必须依据的先决条件。没有基本前提，会计核算就难以正常地进行。会计核算基本前提包括：**会计主体、持续经营、会计分期和货币计量四项**。

图 5.5　人物对话

2. 学习活动的组织

教学活动由辅导教师设计、组织和评定成绩。以下为教学活动建议。

建议本课程安排 8 次学习活动，即每一章安排一次活动，由辅导教师通过课程论坛组织，学习表现计入课程形成性考核成绩。具体安排见表 5.4。

表 5.4　教学活动安排

	活动内容
第 1 次	请采访身边 3～5 个朋友对会计工作的看法和认识，将他们的看法记录下来，同时也谈谈你的看法和体会，然后分享给你的伙伴们
第 2 次	请举出 3～5 个企业经济业务，指出经济业务的类型并说明它对会计等式产生何种影响
第 3 次	请各位同学用复式记账的方法具体核算个人或家庭的收支情况，和以前的流水账（单式记账）相比，谈谈有什么不同
第 4 次	尝试画出各个业务中的账户之间的关系图
第 5 次	李强要和同学们分享他的心得体会。请你代替李强撰写一份学习体会
第 6 次	请谈一谈对"待处理财产损益"账户的理解和认识，比较一下不同财产物资财产清查结果的账务处理有何不同
第 7 次	根据本章讲的相关知识，请尝试编制自己或家庭的财务报表
第 8 次	谈一谈自己对会计工作的认识以及自己的职业规划

辅导教师要根据学习活动的安排，按时组织学习活动，引导学生积极参与、落实学习过程。特别是讨论交流形式的学习活动，辅导教师要适当地给出

几个具体话题，带动讨论氛围，培养学生把所学知识应用到实际中的能力。在活动结束之后，辅导教师要及时对学生在活动中的表现做出评价。

3. 辅导策略

本课程是一门实践性课程，因此一定要求学生下载并安装实训环境，这是顺利开展课程学习的前提。

（1）导学

辅导教师要根据学生的具体情况，选择相应的学习路径。采取有针对性的措施，引导学生使用课程学习资源完成学习过程，并对学生的网上学习方法加以指导。

（2）助学

辅导教师要明确告知学生自己的办公电话、E-mail 等联系方式，对学生在学习过程中遇到的困难给予帮助，对学生提出的与课程相关的问题要在 48 小时内给予答复。要整理论坛的帖子，总结常见问题，并为学生学习提供必要的参考资料。

（3）促学

辅导教师要了解学生的网上学习行为，掌握学生的学习进度，适时地以短信、电话、E-mail 等方式加以督促，确保学生跟上教学安排，顺利完成学习过程。

（4）评价

本课程形成性考核的 20% 为平时学习表现，可以根据学生的网上学习行为予以评价，如参加教学活动情况、学习积极性、非计分实训的完成情况等。对于非计分实训完成情况出色的学生，辅导教师可以授予新人、达人和狂人的勋章以示鼓励，从而引导学生积极完成课程实训。

（5）教学工作中遇到新情况和新问题，及时通过 QQ 群、电话、E-mail 等和课程团队沟通解决。

4. 实践教学

本课程的实践教学主要从以下两个方面来进行。

（1）在课程第五章"会计凭证和账簿"中进行相应知识点的练习（如图 5.6）。

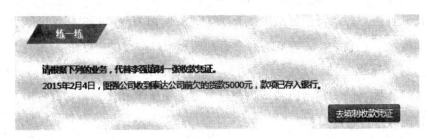

图 5.6　练一练示意图

（2）在形成性考核作业中，安排了两次模拟测验（如图 5.7）。

任务名称	分值	考核内容	开始时间	结束时间
第一次作业	20分	第三章	第1周	第5周
第一次模拟测验	20分	第五章	第5周	第7周
第二次模拟测验	20分	第五章	第5周	第9周
第二次作业	20分	第四、六、七章	第4周	第15周

图 5.7　形成性考核作业

5. 考核

根据《基础会计》课程考核说明要求，本网络课程的考核情况如图 5.8 所示。

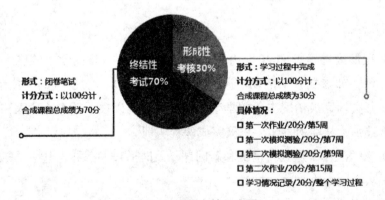

图 5.8　课程考核示意图

本课程采用形成性考核和期末终结性考试相结合的方式，形成性考核包括 2 次书面作业和 2 次模拟测验，以及学习过程和学习情况记录。形成性考核占课程总成绩的 30%（其中书面作业、模拟测验和学习过程记录的比重为 4∶4∶2），期末终结性考试成绩占学期总成绩的 70%。

5.3《财务报表分析》网络课程的设计与开发

《财务报表分析》是国家开放大学开放教育本科（专科起点）会计学专业的一门统设必修课，是为会计学专业学生掌握财务报表分析基本理论知识和应用能力而设置的一门专业课程。

财务报表分析课程组于 2013 年秋季学期开始建设财务报表分析网络核心课程，经过一年的建设，于 2014 年秋季开始在国家开放大学新教学平台进行上线试运行。

5.3.1 网络课程设计理念

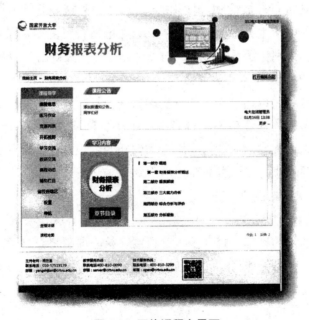

图 5.9　网络课程主界面

《财务报表分析》网络核心课程的设计，总体上按照现代远程教育理论，遵循远程教育规律，合理运用网络技术手段，充分发挥网络教学的优势，给学习者提供完全开放和个性化的学习环境，使学生通过网络核心课程的学习，能够完成所有的学习环节。在具体栏目设计上坚持课程体系的科学性、完整性和时效性，兼顾学习者的特点及需求，将资源整合优化、教学学习交互、过程跟踪监控、教学有效管理融为一体，用合理的结构安排使课程内容具有较强的应用性，方便学习者学习（如图 5.9）。具体体现在以下几个方面。

1. 一体化整合多媒体资源

本课程虽然已配备了较为完善的学习资源，但要实现易学、互动和能力培养，还需要对现有教学资源进行重新整合，并进行必要的充实和完善。所以，网络核心课程将对多种教学资源进行优化组合，根据教学要求和不同媒体的表现特点进行一体化设计，发挥各类教学媒体的优势，使之有机配合，保证学科体系的完整性、系统性和适用性，提高学生的学习兴趣和学习效率，达到预期的教学目标。

2. 开放性与个性化学习相结合

网络核心课程是一种不同于传统教学方式的新型教学模式，它基于互联网可将多种教学媒体进行有机整合并合理展现。由于是基于互联网的教学模式，更加利于学习者进行开放性和个性化的学习。《财务报表分析》网络核心课程的开放性将本着以学生为中心的理念，充分考虑适合更多的人在网络上学习的需要，同时体现个别化学习的需求，为学生创设一个良好的学习环境。

3. 启发学习者深入探究的能力

网络核心课程将以培养学生的分析能力为目标，实施启发式、讨论式的教学设计，通过各种方法，启发、诱导学生主动、自觉地学习，培养学生收集、处理信息的能力，激发学习者独立思考和创新的意识，提高学习者获取新知识和分析解决问题的能力，切实提高教学质量。

4. 充分发挥交互性的优势

对于远程教育中自主学习为主的学生，网络核心课程不仅仅是知识的载体，还应该是学习的导师。财务报表分析网络核心课程将充分考虑交互性，一方面把学生学习中可能遇到的问题和困难充分考虑并设计进去，为其提供学习的便利和丰富的资料，另一方面设计多种检测、讨论、反馈和交流形式，以便于师生交流和生生交流。

5. 生动形象地联系理论与实际

《财务报表分析》网络核心课程将在保证其科学性、逻辑性的基础上，合理选择文本、音频、视频等多种表现形式，形成优化的声像并茂，生动活泼的教学资源结构，增加学习者学习趣味性。通过一些影像资源和案例教学模式更形象、更有趣味地使学习者方便理论联系实际，使枯燥的概念、原理及方法和现代经济生活紧密联系起来，使学生愿意学，学了就能进行理解应用，提高学生的学习兴趣，提高学习效果。

6. 关注学科发展动态和经济生活实际

《财务报表分析》网络核心课程将及时反映学科发展中出现的新理论、新方法，相关法规的新变化，以及经济生活中出现的新的典型案例，不断更新、补充。

5.3.2 网络核心课程结构设计

1. 栏目描述及设置

根据《财务报表分析》课程的教学内容、课程特点，结合以学习者为中心的原则，在网络核心课程的教学设计上，注重课程页面设计的简单、实用、互动、开放，给学习者提供最直观的信息，方便学习者使用。为充分体现交互性与开放性，拟采用川字形结构设计，使用基于 Web 2.0 技术的 MOODLE 平台进行制作。

首页设置（如图 5.10）：

图 5.10　网络课程首页

按照学习者的学习路径，《财务报表分析》网络核心课程的要素包括三大类，分别是"系统学习"、"选择学习"和"辅助学习"。各类要素包含内容如表 5.5：

表 5.5　网络核心课程构成要素分类表

系统学习	课程名称、课程公告、课程导学、学习内容（系统学习区）等
选择学习	名词术语、常见问题、典型案例、视频课堂、练习作业、开拓视野等
辅助学习	教学文件、学习交流、教研交流、课程管理、使用帮助、调查问卷、通讯录、学习进度、课程搜索、课程访问量、支持服务信息、版权信息等

（1）系统学习

系统学习包含的要素及栏目有：课程名称、课程公告、课程导学、学习内容（系统学习区）等。具体内容如下：

课程名称：以能体现本课程特点的图片与界面呈现"财务报表分析"课程的名称。

课程公告：动态更新本课程近期教学、教研活动、考试等方面的信息，同时报告学科及行业相关的最新动态、新闻等。

课程导学：主要介绍课程的基本情况，为什么要学习这门课程、学习的目标、如何学习以及如何考核等学生最关心的问题。

学习内容：通过课程导学、学习目标、知识点学习、学习活动的完成来学习主要的内容，最后以本章练习和本章小结来检测学习效果及对学习的总结。每个知识点都是通过导言、问题及例题的形式来学习的。

（2）选择学习

选择学习包含的要素及栏目有：名词术语、常见问题、典型案例、视频课堂、练习作业、开阔视野等。

名词术语：汇集了本课程的一些常见名词。

常见问题：汇集了学习课程过程中学生经常遇到的一些问题。

典型案例：汇集了课程中每章的案例，学生如果想集中学习案例的话可以通过这个栏目来学习。

视频课堂：包括重难点系统讲授的录像和 IP 课件等。

练习作业：包括各章练习和形考作业两部分内容。

开阔视野：包括法规条文、书刊文摘和网站链接三部分。

资源列表：呈现多种资源，包括名词术语、常见问题、典型案例、视频课堂等内容。

（3）辅助学习

辅助学习包含的要素及栏目有：教学文件、学习交流、教研交流、课程管理、使用帮助、调查问卷、通讯录、学习进度、课程搜索、课程访问量、支持服务信息、版权信息等。

教学文件：主要包括课程的课程说明、教学大纲、考核说明、教师团队等学生学习、复习、考试所要依据的相关规定。

学习交流：分享学生在学习财务报表分析课程过程中的学习心得。

教研交流：为财务报表分析课程的主持教师、辅导教师提供经验分享等平台。

使用帮助：为大家讲解如何进行财务报表分析网络核心课程的学习。

课程管理：体现网络核心课程的管理功能，教师与学生将分别拥有不同的使用权限。教师可以对课程进行管理、查看自己的教学进度；学生可以查看自己的学习情况、考试成绩等。

支持服务信息：以电话、邮箱等手段，从教学、技术等方面为学生的学习提供帮助。

调查问卷：根据教学需求设计并发布调查问卷，并通过网络教学平台进行汇总，通过对使用者问题反馈的搜集和整理，了解网络核心课程的使用情况，为后续改进、完善提供依据。

通讯录：包括本课程所有的老师和学生。

课程访问量：自动统计和呈现登录学习的学习人数，记录学生的学习行为及数据。

学习进度：跟踪记录学生的学习过程及进度。

课程搜索：包括课程内搜索和外网搜索两种方式。

版权信息：体现学校对课程享有的权利，版权统一归国家开放大学所有。

2. 学习路径说明

按照选择学习、系统学习及辅助学习的构成要素，学生可以根据自己的实际情况选择适合自己的学习路径。建议学习路径为：首先了解课程的相关信息，知道财务报表分析课程的课程内容、学习资源、学习方法、考核方式等基本情况后，进行课程内容（章节）的系统学习。

此外，财务报表分析课程作为国家开放大学会计学专业（本科）的一门统设必修课程，是在专科中级财务会计、成本会计等课程基础上，为进一步提高学生财务报表分析水平和应用而设置。同时，本课程又是在专科中级财务会计基础上的知识拔高的课程，所以，同学们可以利用"学习交流""开阔视野"等丰富自己的财务报表分析的知识。

5.3.3 网络课程建设实施效果

1. 学习目标和知识点嵌套式的设计

为了让学习者更加清晰地、有目的地进行学习，本课程在设计时采用了学习目标和知识点嵌套式的设计原则（如图5.11）。

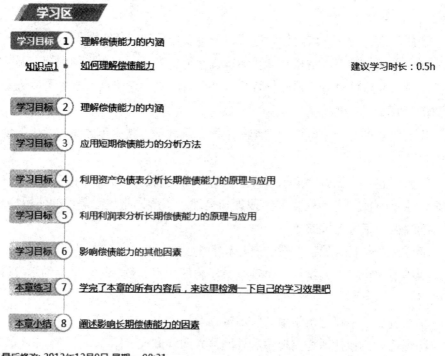

图5.11　学习区内容分布

2. 以强调应用为主要目标的原则

学生学习本门课程的主要目的就是应用，能够提高学生对报表的认知水平和分析能力。

围绕这一目标，在课程设计时，改变了原有理论知识学习和应用性知识割裂的弊端，而是将基础知识和如何应用紧密结合起来。从而让学生明白为什么学习该知识点，以及如何学，学后如何应用（如图5.12）。

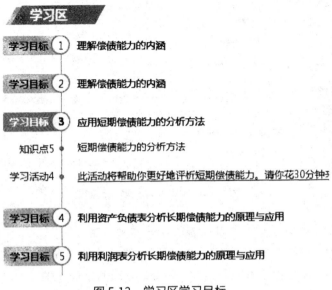

图 5.12　学习区学习目标

3. 系统学习与自主学习可选择性原则

由于学习者的背景不同，因此学习行为会有一定差异。我们在学习路径设置上，分为按照知识点的先后顺序进行系统学习和根据已掌握知识的情况，自主选择学习内容两种方式相结合（如图 5.13）。

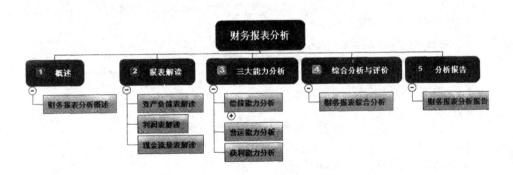

图 5.13　课程知识地图

4. 基于内容的学习与基于活动的学习相结合的原则

考虑到学习者的不同偏好，我们将基于内容的学习和基于活动的学习进行了结合（如图 5.14）。

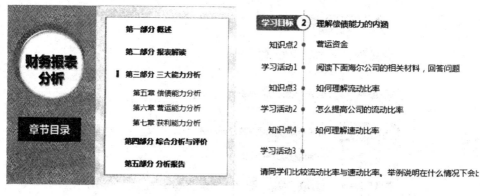

图 5.14　学习内容与学习活动

5. 碎片化学习与完整性学习相结合的原则

考虑到学习者的学习环境不同，我们将原有的学习内容，尤其是视频辅导内容进行了重新拆分和组合，形成了 2 ~ 8 分钟的讲解单元，学习者可以根据需要，灵活选择学习内容，也可以根据学习环境不同，选择碎片化的学习或完整性的学习模式（如图 5.15）。

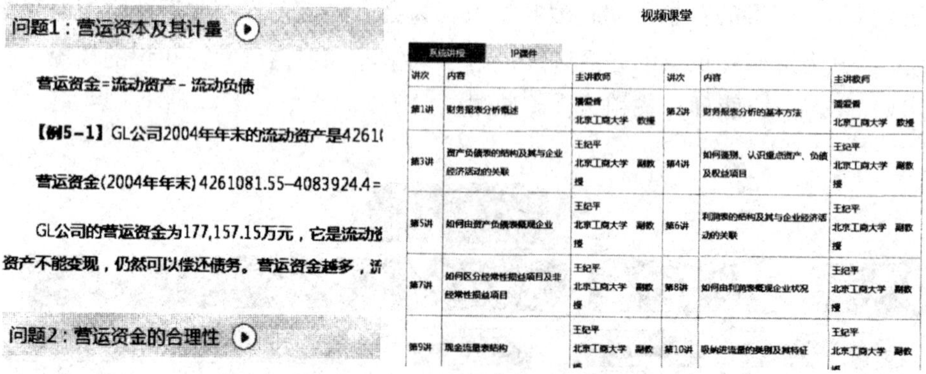

图 5.15　碎片化学习和完整性学习

6. 注重学习者学习的引导功能

为了提高学习效率，方便学习者学习，我们在课程设计中特别增加了具体引导功能的提示。例如：学习引导、课程导航、课程地图、单元学习导语等内容（如图 5.16）。

第五章 短期偿债能力分析

图 5.16 数字教材引导功能

6. 数字化学习资源整合

数字化学习经过几十年的发展，无论是从教育理念还是学习资源的种类与数量，都有了突破式的发展，但同时由于数字化学习资源缺乏有效的组织与管理，往往呈现出局部有序而整体无序的情况，在建设主体、资源内容、建设技术与运行机制方面存在若干亟待解决的问题①，"数字资源超载""数字资源孤岛"等现象频发，导致学习者在开展学习过程中浪费大量的时间与精力。在未来的发展中，除了继续设计与开发不同类型的学习资源，同样要关注对不同类型的学习资源的整合问题，要让不同类型的学习资源能够发挥合力，提高学习资源的应用效果。

6.1 数字化学习资源整合的内涵和重要性

6.1.1 数字化学习资源整合的内涵

"整合"一词最早于 1862 年由英国哲学家赫伯特·斯宾塞（Herbert Spencer）在《第一原理》中提出，"从哲学意义上来讲，整合是指由系统整体性及系统核心的统摄、凝聚作用而导致的使若干相关部分或因素合成一个新的统一整体的建构、序化的过程。"② 资源整合"是指采取一系列的方法和手段，对各种潜在的和可能的资源进行开发，对现存的资源进行结构性的优化、重组，以挖掘其潜能的系统工程"③。数字资源整合是一种数字资源优化组合的存在状态，是依据一定的需要，对各个相对独立的资源系统中的数据内容、功能结构及其互动关系进行类聚和重组，重新结合为一个新的有机整体，形成一个

---

① 杨晓宏，贾巍.现代学习理念导向下的数字化学习资源构建研究［J］.中国电化教育，2013（3）：84–88+95.

② 王冲.网络课程资源整合研究［D］.桂林：广西师范大学，2005：1–37.

③ 金平，张玉红.继续教育资源整合浅论［J］.继续教育，2003（S1）.

效能更好、效率更高的新的数字资源体系。数字资源的整合程度直接关系到数字资源能否高效吸收与利用[1]。数字资源整合实质是借助于计算机网络技术和相关成熟平台技术，实现各类数字资源间网络管理的数据提取、去重、排序和集中，形成一个跨平台、跨数据系统的共享网络化服务体系[2]。

在数字化学习时代，学习资源的类型和数量都出现了爆发式增长，同时也出现了资源重复建设、资源利用率不高、学习者学习负担加大等问题。尤其是网络的无限扩张导致数字化学习资源整体仍存在着无序化分布、内容组织程度不高、资源间交叉关联程度低等现象，学习者在不同的网络环境和信息空间中来回切换，在查找资源的过程中浪费大量的时间和精力，影响学习过程的顺利开展。泛化无序的资源与学习者个性化需求间的矛盾日渐突出，如何有效地管理、组织数字化学习资源，揭示复杂的内容联系，使资源的可用性与知识性充分发挥出来，亟待改进现有的数字资源整合方式，采用新的模式优化资源结构，提高资源的利用效率。因此，一方面要重视数字化资源的开发，另一方面还要重视数字化学习资源的整合和利用。

6.1.2 数字化学习资源整合的重要性

数字资源整合的重要性在于通过有效的整合可实现数字资源的高效吸收与利用，从而体现数字资源的价值，促进数字资源体系的发展。广泛分布于互联网中的数字资源类型繁多、种类丰富，将文字、图像、声音、动画等内容以电子数据形式呈现，通过互联网进行存储、传播及共享，并以多种终端设备提供给用户。数字资源整合的实质是在互联网和信息技术的支持下，通过提取、去重、排序等手段实现数字资源的系统优化与功能重组，形成跨系统、跨平台的共享的数字资源服务体系。

1. 从资源开发者角度，出现资源的分布不均和重复建设

数字资源整合的重要性在于通过有效的整合可实现数字资源的高效吸收与利用，从而体现数字资源的价值，促进数字资源体系的发展。但是目前学习资源出现以下问题：

第一，学习资源供给与需求不平衡。目前，数字资源类型繁多、种类丰富，将文字、图像、声音、动画等内容以电子数据形式呈现，成为数字化学习

---

① 马文峰. 基于知识组织理论之上的数字资源整合 [J]. 情报资料工作，2003（1）：26-28.

② 徐明. 高校数字资源网络化整合与多路径共享的研究 [J]. 中国电化教育，2013（8）：77-82.

阶段重要的学习内容。然而，对于学习者的学习内容供给要与学习者的学习需求保持一个平衡关系。一方面并不是越多越好，要考虑学习者接受和吸收的承载能力，另一方面如果数量过少，也不能发挥数字化学习的优势和效果。

第二，学习资源的无序扩张和重复建设。数字化学习资源建设与开发引起全社会的广泛关注，社会资本力量也参与其中，在推进数字化学习资源发展的同时，带来了学习资源无序扩张和重复建设问题。无限扩张导致数字化学习资源体系仍存在着无序化分布、内容组织程度不高、资源间交叉关联程度低等现象。学习者在不同的网络环境和信息空间中来回切换，在查找资源的过程中浪费大量的时间和精力，这些现象的发生严重影响学习过程的顺利开展。泛化无序的资源与学习者个性化需求间的矛盾日渐突出，如何有效地管理、组织数字化学习资源，揭示复杂的内容联系，使资源的可用性与知识性充分发挥出来，亟须改进现有的数字化学习资源整合方式，采用新的模式优化资源体系结构，提高优质资源的利用效率。

第三，学习资源的利用率普遍较低。随着教育信息化建设的不断推进与相关研究的不断深入，支撑数字化学习顺利开展的数字化学习环境、硬件及软件条件较之以往有了较大提升，采用数字化学习方式开展学习的群体范围逐渐扩大，然而数字化学习资源却没有发挥预期中的作用。

2. 从学习者的角度，出现知识超载和学习负担

由于数字化学习资源种类和数量日益增多，导致学习者在学习过程中，需要花费更多的精力对各种数字化学习资源进行识别和选取可用性和适用性的学习资源，加重了学习者的学习负担。随着开放资源共享程度的加大，以及大量慕课、精品公开课资源的上线应用，出现了学习者一方面沉浸在"信息的海洋"中，但另一方面却要忍受"知识的饥渴"，其中的重要原因在于无法解决海量学习资源的整合和应用的问题。

总之，数字化学习资源整合可实现对相关资源的有序组织与管理，资源整合的有效程度不仅与学习效率密切相关，而且是有效缓解数字化学习资源建设中存在的问题及提升数字化学习资源利用效率的有效途径，因此，关于数字化学习资源整合的研究具有重要意义。

6.2 数字化学习资源整合的基本模式

6.2.1 以资源为中心的学习资源整合模式

以资源为中心的学习资源整合模式的目标是建立以资源为中心的数字化学习体系。该学习体系强调学习资源作为整个学习过程的主体，是学习者获取知识的直接来源。这种整合模式的对象是广泛且无序分布在互联各处，以多种形式存在的数字化学习资源，根据学习者的需要，数字化学习资源整合将这些异构、分散的数字化学习资源作为一个整体，在对其进行收集、加工、整理以及内容特征分析的基础上，以数字化学习资源的属性特征作为整合依据，在一定的规则指导下将相关资源组织起来，形成学科分类表、系统资源导航和学习资源库等表现形式。以资源为中心的数字化学习体系有利于对不同类型的学习资源进行整合，但是无法实现与学习过程的全面融合与交互，尤其是根据学习者需求的不断变化而及时做出智能性调整，以适应不同的学习情境。

以资源为中心的学习资源整合模式相对静态、预设的，且忽略了学习者的需求，过于强调知识的呈现而忽视了学生的接受，这既不利于学习者利用数字化学习资源开展形式多样的学习活动，也不利于提升优质资源的利用效率。数字化学习资源整合模式的静态性表现在：数字化学习资源整合多从预设的角度出发，根据整合主体的经验展开，没能从学习者的实际需要去进行设计研究；从数字化学习资源整合结果来看，经过整合的资源以资源集合的形式独立存在于学习过程之外，未能与学习过程很好地相融合。总体而言，数字化学习资源在组织结构与知识内容等方面都体现着整合主体的思想，数字化学习资源整合活动缺少动态性的调整与修正，因而影响数字化学习资源有效作用的发挥。

以资源为中心的整合模式是一种基于传统方式的资源整合模式，在这种模式下，学习资源是整个学习系统的中心，通过整合学习资源，将学习资源引领学习者的学习过程。在数字化资源时代，更加强调学习者的学习体验感，学习者由被动学习向主动学习转变。以资源为中心的整合带来的结果只是对学习资源本身进行整合，并没有改善学习者与学习资源之间的关系。因此，为了更好地发挥学习资源的应用效果，需要突出学习者在学习资源整合过程的重要性，逐步迈向学习者的整合模式。

6.2.2 以学习者为中心的学习资源整合模式

学习者是学习资源的最终的使用者和受益者，学习资源应用效果的好坏取决于学习者的感受和体验，要建立以学习者为中心的学习系统，形成一种集合资源、学习支持的动态机制。2019 年《国家职业教育改革实施方案》提出了"三教"（教师、教材、教法）改革的任务。"三教"改革中，教师是根本，教材是基础，教法是途径，它们形成了一个闭环的整体，解决教学系统中"谁来教、教什么、如何教"的问题。"三教"改革是从"教学"的角度指出了教学、教材和教学主体之间的关系，即要统筹考虑、一体化设计而不能各自为政、相互割裂。实际上，"教"与"学"既有相对性又有统一性，是一个教学过程的两个方面。因此，在学习资源的整合过程中，同样也要将学习者、学习资源和学习方法作为一个闭环整体，即学习者是根本，学习资源是基础，学习方法是途径（图 6.1），从而进行整体性和一体化设计，最终形成以学习者为中心的学习资源整合模式。

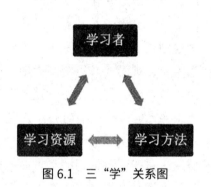

图 6.1 三"学"关系图

在以学习者为中心的学习资源整合模式下，需要考虑学习者直接从学习资源中获取的知识在逐步减少，学习资源的作用转向成为连接学习者与学习者之间以及学习者与学习环境之间的纽带。学习者通过有效的学习活动，获取直观的学习体验和感受，并对自己的先验知识进行校验和反思，从而完成整个学习过程。以学习活动为基础的学习资源体系充分体现了"以学习者为中心"的建设目标与管理理念，在研究中以满足知识性学习需求为目标，形成一种集数字化学习资源与学习支持于一体的动态机制，既有数字化学习资源基础又有技术支持，是数字化学习资源与学习的有机结合，具有全过程性、交互性等特点。

6.3 数字化学习资源整合协同机制

数字化学习资源的整合协同机制主要从宏观层面、中观层面和微观层面三个层面进行协同发展，推动学习资源动态整合（图 6.2）。

图 6.2　数字化学习资源整合协同机制关系图

6.3.1 宏观层面数字化学习资源的整合

数字化学习资源研究能够激发学生的主体性和创造性，培养学生创新精神和实践能力，对于推进终身学习、学习型社会的建设具有重要作用。数字化教育资源的整合构建对实现教育公平、优质资源共享乃至推动教育国际化均发挥着关键作用。为了避免教育资源的浪费和无序发展，国家应该在宏观层面注重顶层设计，即国家相关部门应该出台数字化学习资源建设的规范和指引，对于充分协调全社会的教育资源具有重要意义。2021 年 7 月，我国教育部等六部门印发的《关于推进教育新型基础设施建设构建高质量教育支撑体系的指导意见》（以下简称《指导意见》）提出，到 2025 年基本形成结构优化、集约高效、安全可靠的教育新型基础设施体系，并通过迭代升级、更新完善和持续建设，实现长期、全面的发展。建设教育专网和"互联网＋教育"大平台，为教育高质量发展提供数字底座。汇聚生成优质资源，推动供给侧结构性改革。建设物理空间和网络空间相融合的新校园，拓展教育新空间。开发教育创新应用，支撑教育流程再造、模式重构。提升全方位、全天候的安全防护能力，保障广大师生切身利益。

1. 加快制定学习资源制作标准，促进学习资源共享和重用

随着社会加大对数字化资源建设力度，学习资源建设速度大大加快，但同时也存在无序化发展的情况，表现为学习资源的组织无序性、分布的无序性、再生生长信息的无序性。这样将导致学习资源的可持续性缺乏和共享利用率低。

教育部门应该发挥主导作用，在数字化学习资源建设过程中积极规划，制

定规范的资源评价标准体系，加快立体化微型学习资源建设，化静态资源为动态，提高资源的利用率和共享率，为数字化学习资源的发展贡献力量。教育部教育信息化技术标准委员会发布《教育资源建设技术规范》、教育部现代远程教育资源建设委员会发布《现代远程教育资源建设技术规范》、中国高等职业技术教育研究会教学研究与资源建设委员会、职业教育数字化学习中心发布《职业教育专业教学资源库相关技术规范汇编》等，可以看出教育主管部门一直为资源建设标准化努力。

目前，数字化学习呈现出多场景下学习的特征，要求国家教育行政部门要进一步整合包括国家教育资源公共服务平台在内的各类平台资源优势，有效汇聚海量适切资源，实现各类学习场景的无缝分享与适配，形成教育教学真实问题导向和需要的数字化支持模块，最终提供合适的学习管理服务。在运行机制上应能够充分利用好政府的公益属性，发挥好教育企业的资金和市场化服务优势，实现多元投入、协同推进数字化学习教育市场的良性发展。通过政策加持与教育治理，学习管理系统未来需要从分散走向集群化、专业化和统一化，最终为学生的学习提供优质的信息化产品和服务。

2. 不断优化资源供给服务

汇聚数字图书馆、数字博物馆、数字科技馆等社会资源，共享社会各方开发的个性化资源，建立教育大资源服务机制。系统梳理各学科知识脉络，明确各知识点之间的关系，分步构建国家统一的学科知识图谱。对现有资源进行分类标识，匹配学科知识图谱。升级资源搜索引擎，通过平台模式为师生提供海量的优质资源和精准的资源服务。

6.3.2 中观层面数字化学习资源的整合

数字化学习的泛在化特征，使学习者处于不同的学习场景之中。所谓中观层面数字化学习资源整合，是指作为教育机构要立足智能主动供给，做好学生群组特点分析、学生类别分类分析、学习场域特征分析，真正实现分布式学习中教育资源的高效精准供给。

学习者学习过程中，会产生大量生成性的学习资源，这些资源大多数情况被忽视以及没有被充分利用，从而造成学习资源的浪费。作为教学组织和管理单位，各个教学主体有义务针对生成性的学习资源建立发掘机制，从而使生成性学习资源能够和预设性学习资源一样，在学习过程中发挥重要作用。生成性学习资源具有动态性、多样化、碎片化等特点，需要设立一套资源智能生产机制，才能保证生成性学习资源的质量。

6.3.3 微观层面数字化学习资源的整合

所谓微观层面数字化学习资源的整合，是指从学习者个体角度进行学习资源的生成和服务模式。随着教育技术的不断应用，可以基于大数据、人工智能、知识图谱等技术，从学习资源需求分析、学习资源组织、学习资源生成、学习资源服务与应用反馈等环节出发，构建全新的数字化学习资源生成与服务模型。

首先，通过数据采集和学习者建模来实现学习者学习场景感知并确定学习者学习需求。其次，通过构建数字化学习领域知识图谱实现学习资源的知识融合与高效组织。再次，结合学习者特征与领域知识图谱智能动态生成与呈现学习资源。最后，通过为学习者提供个性化智能服务与资源应用反馈，提高学习资源应用效率。动态学习资源智能生成与服务模型包含数据采集、学习者模型、数字化学习领域知识图谱构建、数字化动态学习资源智能生成、数字化学习智能服务与数字化学习资源反馈六部分。

1. 数据采集

学习者学习情境是由学习者、户外学习时空、户外学习设备、户外学习环境等因素组成的户外场景。要为学习者提供适合当前学习情境的学习资源，可以基于移动智能设备，利用全球定位系统（GPS）等传感器技术获取学习者时空信息，结合学习者需求与个性化特征，通过无线网络与人工智能技术为学习者提供动态学习资源。

2. 学习者模型

学习者在数字化学习中居于主体地位。学习者对数字化学习环境的掌控有利于激发其内在学习动力和探索欲望，发现适合于自身的独特认知风格，促进和改善学习。由于学习者具有个性化特点，因此需要结合学习者先验知识水平、学习习惯、学习偏好等静态特征数据以及学习兴趣、学习路径、学习方式等动态特征数据，综合分析与挖掘学习需求，为学习者提供动态学习资源及智能学习服务。

3. 数字化学习领域知识图谱构建

学习资源作为学习过程的主要支撑材料，服务于学习者知识建构，因此，对学习资源的组织应该围绕知识展开。数字化学习的随机性、情境性与开放性要求数字化学习资源具有多样性、灵活性与动态性等特点，而通过网络获取的资源存在繁杂冗余、聚合不足等问题。领域知识图谱作为知识表示的一种重要方式，是实现数字化动态学习资源智能生成的基础，能够为学习者反馈结构化的数字化学习知识。

4. 数字化动态学习资源智能生成

数字化学习场景种类丰富且具有多种属性，直接从网络获取的资源可能存在分散无序、缺乏关联性等问题，导致学习者耗费大量时间提取学习内容。因此，本书通过数字化学习领域知识图谱对数字化学习相关网络资源进行知识标引，结合数字化学习领域知识图谱的推理规则智能获取数字化学习场景的实体与属性关系，基于实体与属性对网页上的关联资源进行动态提取并作碎片化处理，结合学习者个性化特征将获取到的资源动态组织并呈现给学习者，以满足其智能数字化学习需求。

（1）数字化学习资源知识标引

数字化学习领域知识图谱将匹配的户外学习知识元以标签的形式标引到网络资源内容上，通过在网络资源的不同位置添加标签，建立网络资源内容与标签的关联关系，进而将数字化学习领域知识图谱与网络资源紧密结合，使网络学习资源成为有语义关联关系的结构化知识。

（2）数字化学习资源提取与碎片化处理

利用规则＋机器学习相结合的方法，建立实体、关系、属性等访问约束和推理规则，结合学习者对特定数字化学习场景的动态感知确定学习需求，实现基于数字化学习领域知识图谱的资源智能检索与提取。对资源进行碎片化处理，如网络视频可通过视频处理工具自动截取关键部分形成微视频，网页文本可直接进行关键内容截取，以满足户外学习资源短小精悍、简明扼要的需求。

（3）数字化学习资源动态组织与呈现

不同数字化学习场景需要的资源类型不同，将获取的大量碎片化网络资源无序地呈现给学习者会增加认知负荷，根据学习者个性特征将无序资源进行有序组织，可以帮助学习者迅速准确地得到所需的资源。

认知风格作为学习者个性特征的重要组成部分，是学习过程中稳定的行为表现方式。Neil Fleming 开发的 VARK 认知风格模型，是基于学习者个人的信息接收和感知方式对认知风格进行的分类，包括视觉型、听觉型、读写型和动觉型。在对数字化学习资源进行动态组织时，需要根据学习者认知风格设计不同的资源组织方式，基于学习者认知风格的媒体偏好总结数字化学习资源页面设计规则，为户外学习资源动态组织提供依据。

5. 数字化学习智能服务

基于知识图谱的数字化动态学习资源智能生成与服务模型满足服务型原则，能够结合学习者需求提供数字化学习个性化推荐服务、智能检索服务与知识可视化服务。

（1）个性化推荐服务

数字化学习领域知识图谱作为一种数字化学习知识表征工具，能够反映户外知识之间的先后关系。基于该知识图谱，结合数字化学习情境，根据学习者对数字化学习资源的需求、学习者的认知风格与知识状态等静态和动态个性化特征，通过有效的推荐算法，能够精准实现学习资源的个性化推荐服务。

（2）智能检索服务

基于知识图谱的智能检索能够根据学习者查询的数字化学习情境，结合学习者意图进行推理，基于知识图谱实现对术语概念的检索，且其检索结果具有层次化与结构化等特征。比如，学习者检索郁金香，基于知识图谱的搜索引擎就会结构化呈现郁金香的形态特征、品种分类等场景属性信息。

（3）知识可视化服务

数字化学习知识可视化服务表现在知识结构的可视化和知识内容的可视化。知识结构的可视化是通过图表等视觉表征手段为学习者展现户外学习领域知识的内在关联，并为学习者提供脚手架。知识内容的可视化表现为系统提供可视化三维资源以增加学习者的交互体验。

6. 户外学习资源反馈

数字化动态学习资源的开发以学习者需求为中心，因此需要对其进行有效的评价反馈。一方面，学习者可以通过自主探讨板块与其他学习者交流自己的想法。另一方面，可以通过小范围系统试用调查，对动态学习资源的内容、结构以及学习者的学习体验效果等方面进行分析，并基于此迭代修正户外动态学习资源智能生成与服务模型。

参考文献

Davenport T H, Prusak L. Information Ecology［B］. New York: Oxford University Press,1997.

Engestrm Y, Sannino A. From mediated actions to heterogenous coalitions: four generations of activity-theoretical studies of work and learning［J］. Mind Culture and Activity, 2020（3）：1-20.

Engestrm Y, Sannino A. From mediated actions to heterogenous coalitions: four generations of activity-theoretical studies of work and learning［J］. Mind Culture and Activity, 2020（3）：1-20.

Sannino, A., Engeström, Y. Cultural-historical activity theory: founding insights and new challenges.［J］.Cultural-Historical Psychology, 2018（3），43-56.

陈丽，谢浩，郑勤华.我国教育现代化视域下终身学习的内涵与价值体系［J］.现代远程教育研究，2022，34（4）：3-11.

王志军，陈丽，陈敏，等.远程学习中学习资源的交互性分析［J］.中国远程教育，2017（2）：45-52.

顾明远.教育大辞典［M］.上海：上海教育出版社，1998.

严冰，单从凯.数字化学习资源［M］.北京：国家开放大学出版社，2015：1-2.

郭文革，黄荣怀，王宏宇，等.教育数字化战略行动枢纽工程：基于知识图谱的新型教材建设［J］.中国远程教育2022（4）：1-9.

张良.从表征主义到生成主义——论课程知识观的重建［J］.中国教育科学，2019，2（1）：110-120.

罗杰斯，福雷伯格.自由学习［M］.伍新春，管琳，贾容芳，译.北京：北京师范大学出版社，2006：42.

吴全全，王茜雯，闫智勇，等.新时期职业教育活页教材的理念澄明与结构遴选［J］.职业技术教育，2022，43（4）：31-38.

余胜泉，丁杰.加快深层次推进促进可持续发展：教育信息生态观视角下的基础教育信息化［J］.中小学信息技术教育，2011（1）：19–21.

王润.数字教材何以推动教学变革：逻辑与路径［J］.湖南师范大学教育科学学报，2021，20（5）：44–51.

马陆亭.人工智能将重塑教学模式［J］.北京教育（高教）2022（5）：32.

宋佳，王翠萍."呈现"–"发现"：数字化学习资源整合模式创新研究［J］.图书馆学研究，2018（5）：77–82.

戴维，乔纳森著.郑太年等译.学习环境的理论基础［M］.上海：华东师范大学出版社，2002：91.

赵慧军.活动理论的产生、发展及前景［J］.东北师大学报（哲学社会科学版），1997（1）：87–93.

何迈.哲学新编［M］.兰州：甘肃人民出版社，1986：65–77.

罗雁文.生成性数字化学习资源的创生基础、过程及保障研究［J］.广州广播电视大学学报，2017，17（4）：6–10，108.

郑葳，王大为.生态学习观：一种审视学习的新视角［J］.心理科学，2006（4）：913–915.

余胜泉，陈莉.构建和谐"信息生态"，突围教育信息化困境［J］.中国远程教育，2006（5）：19–24.

陈忠辉.试论数字化学习资源的分类与利用［J］.福建教育学院学报，2004（5）：106–107.

孙莹，吴磊磊.基于学习结果理论对基础教育数字化学习资源分类方法的探究［J］.现代教育技术，2008（1）：74–77.

王娟，杨改学，孔亮.国内数字化学习资源发展策略研究［J］.现代远程教育研究，2011（5）：40–44.

王运武.我国数字化教育资源现状及发展策略［J］.中国教育信息化，2008（1）：9–11.

谢舒潇，李招忠，林秀曼.多元化背景下数字化学习资源的整合与应用［J］.电化教育研究，2007（5）：34–38.

余延东，赵蔚，黄伯平.Web 2.0理念与数字化教育资源库的深层次整合研究［J］.中国电化教育，2009（4）：51–56.

张琪.数字化教育资源整合构建策略研究［J］.软件导刊，2012（3）：64–66.

赵厚福，祝智庭，吴永和.数字化学习资源共享的技术标准分析［J］.现代教育技术，2010（6）：66–69.

左晓梅.基于应用和设计的数字化学习资源评估研究［J］.软件导刊，2011（10）：62-64.

万力勇.数字化学习资源质量评价研究［J］.现代教育技术，2013（1）：45-49.

赵惠，于素云.关于高职院校数字化学习资源建设的思考［J］.成人教育，2013（1）：103-104.

郑朴芳，胡小勇.区域数字化教育资源整合与共享机制研究［J］.中国教育信息化，2011（2）：71-75.

金文旺，李正福，刘浩祎.多样化、合作与创新：推动高等教育教材建设高质量发展——基于首届全面教材建设奖全国优秀教材（高等教育类）的描述性分析［J］.中国高教研究，2022（4）：64-70.

曾天山.教材论［M］.南昌：江西教育出版社，1997.

王强.传统纸质教材面临的瓶颈与突破［J］.中国编辑，2019（9）：54-57.

王润.数字教材与纸质教材关系演进：历程、逻辑与展望［J］.教育学报，2021，17（5）：111-122.

余宏亮.微课程导论［M］.北京：人民教育出版社，2019：2.

王润.数字教材何以推动教学变革：逻辑与路径［J］.湖南师范大学教育科学学报，2021，20（5）：44-51.

周启毅.数字教材建设中的常见问题分析［J］.出版广角，2021（21）：56-58.

杨英.数字化时代教材建设的现实困境与路径反思［J］.教育科学论坛，2022（11）：34-37.

谢林见.教育内容数字化、工具通用化以及教材平台化——数字教材发展的定位及问题探讨［J］.教育理论与实践，2017，37（32）：39-41.

王润.数字教材与纸质教材关系演进：历程、逻辑与展望［J］.教育学报，2021，17（5）：111-122.

张良.从表征主义到生成主义——论课程知识观的重建［J］.中国教育科学，2019，2（1）：110-120.

叶波，贺丽.数字教材的知识观念、形态及编制［J］.课程.教材.教法，2021，41（3）：38-44.

陈桄，黄荣怀.中国基础教育电子教材发展战略研究报告［M］.北京：北京师范大学出版社，2013：27-29.

陈达章.中小学音像电子教材建设中的思考〔J〕.中国电化教育，2000（12）：40-42.

王润.数字教材何以推动教学变革：逻辑与路径〔J〕.湖南师范大学教育科学学报，2021，20（5）：44-51+68.

周启毅.数字教材建设中的常见问题分析〔J〕.出版广角，2021（21）：56-58.

吴剑锋，方寅."互联网+"背景下数字教材编写出版研究〔J〕.中国出版，2022（4）：42-46.

崔维响.基于 Web 2.0 的网络课程设计〔D〕.济南.山东师范大学硕士论文，2009：29-30.

张立新，张丽霞.生态化网络课程的设计理念〔J〕.电化教育研究，2011（6）：70-71.

杨晓宏，贾巍.现代学习理念导向下的数字化学习资源构建研究〔J〕.中国电化教育，2013（3）：84-88+95.

王冲.网络课程资源整合研究〔D〕.桂林：广西师范大学，2005：1-37.

金平，张玉红.继续教育资源整合浅论〔J〕.继续教育，2003（S1）.

马文峰.基于知识组织理论之上的数字资源整合〔J〕.情报资料工作，2003（1）：26-28.

徐明.高校数字资源网络化整合与多路径共享的研究〔J〕.中国电化教育，2013（8）：77-82.

后记

本书的内容主要为自己在国家开放大学工作十余年的工作总结和一些心得体会。2012—2022 年是国家开放大学由广播电视大学向开放大学转型发展的第一个十年，学校无论从体制机制、教学模式等各个方面都发生了根本性变革。同时，这十年也是我国数字社会逐步成型的关键时期，无论是数字经济还是数字化学习，都给人们展现了一幅前所未有的崭新画面。随着党的二十大的召开，2022 年注定是不平凡的一年，势必为我们每一个中国人勾勒出未来令人激动的发展前景。发展、改革、创新这些关键词都将伴随我国的前进步伐，也都会成为每个普通人生活的诠释。

在这个特殊且不平凡的时刻，自己将过去在学习资源建设中的一些成果和研究心得进行汇总整理，一方面是对过去自己在资源建设方面的总结，并期待能为同行提供一点借鉴意义，另一方面，作为国家开放大学一名一线教师，通过自己劳动成果，向社会展示国家开放大学近十年来在数字化学习资源建设部分成果。

自己在远程开放教育领域工作近二十年，深知"好学易用"的学习资源对于成人学习者的重要作用。本书介绍的几种数字化学习资源，每年的使用者都在 3 万人以上，均获得较高的使用评价。同时，又发现数字化学习时代学习者对于学习资源的需求远远高于我们的供给，因此对于教育工作者来说，数字化学习资源建设任重而道远。

在此，也衷心地感谢在过去十年学习资源建设过程中一起合作的同伴，还要感谢在本书撰写过程中提出宝贵意见的各位专家，更要感谢自己曾经教授过和服务过的学习者，给予我人生道路上十分重要的经验财富。也恳请广大同行能够提出宝贵意见，共同为我国数字化学习社会贡献力量。